U0739454

東坡志林

[宋] 苏轼
著

孙善春
校注

中国美术学院出版社
CHINA ACADEMY OF ART PRESS

出版说明

《东坡志林》，苏轼文字杂集。志谓记忆，记录，而志字从心；简单来说，本书就是东坡以为值得记忆而特加记录者之集合。二百余篇文字，分记游、怀古、修养、疾病、梦寐、学问、命分、送别、祭祀、兵略、时事、官职、致仕、隐逸、佛教、道释、异事、技术、四民、女妾、贼盗、夷狄、古迹、玉石、井河、卜居、亭堂、人物、论古等二十九类，各立标题；"志林"之林，可谓林莽丛生。明人但归诸小品一类，取其风雅而已。

"志林"之名，或谓出东坡之手；其《与郑靖老书》云："《志林》竟未成，但草得《书传》十三卷"。至南宋，左圭辑刊《百川学海》，收录《东坡先生志林集》，已用此名，延用至今。宋元以来，东坡声望昌隆，此书遂版本众多，从左圭的一卷本，至明朝万历商濬《稗海》十二卷，不一而足。其中五卷本编排较为中和，本书从之。

东坡尝于客途舟中读《文选》，自谓“恨其编次无法，去取失当”（见《东坡题跋》）。今读《东坡志林》，亦常有此感。然此或后人之过，非东坡之过；而后人之过，大抵出于敬爱东坡，读者我辈不必于此耿耿也。

本书校注，主要根据中华书局1981年版，并参考文澜阁库本与现存多种版本与研究多种。本书目标，是希望与天下爱苏人稍许助益。

不足之处，敬请高明是正。

2023年8月3日

目录

卷 一

记游

怀古

修养

疾病

梦寐

学问

命分

送别

卷 二

祭祀

兵略

时事

官职

卷三

异事下

技术

四民

女妾

卷五

论古

卷一

记游　怀古　修养　疾病　梦寐　学问　命分　送别

记游

记过合浦[1]

余自海康[2]适合浦，连日大雨，桥梁大坏，水无津涯。自兴廉村净行院下乘小舟至官寨，闻自此西皆涨水，无复桥船，或劝乘蜑并海即白石[3]。是日六月晦，无月，碇[4]宿大海中。天水相接，星河满天，起坐四顾太息[5]：“吾何数乘此险也！已济徐闻[6]，复厄于此乎？”稚子过在旁鼾睡，呼不应。所撰《书》《易》《论语》皆以自随，而世未有别本。抚之而叹曰：“天未欲使从是也，吾辈必济。”已而果然。七月四日合浦记，时元符三年[7]也。

1 在今广西。

2 今广东雷州。

3 广西桂平白石山。

4 碇，锚。

5 太息，长叹。

6 广东徐闻。

7 西元 1100 年。元符为宋哲宗赵煦第三个年号。

逸人[8]游浙东

到杭州一游龙井，谒辨才[9]遗像，仍持密云团[10]为献龙井。孤山下有石室，室前有六一泉[11]，白而甘，当往一酌。湖上寿星院竹极伟，其傍智果院有参寥泉及新泉，皆甘冷异常，当

8 逸人，或苏轼自称。

9 天竺僧，苏轼友。

10 宋时名茶，福建产。

11 在杭州西湖孤山。欧阳修晚年自号“六一居士”，苏轼为纪念欧阳修，名之“六一泉”。见苏轼《六一泉铭序》。

12 僧人道潜，苏轼友，能诗。

时往一酌，仍寻参寥子[12]、妙总师之遗迹，见颖沙弥亦当致意。灵隐寺后高峰塔一上五里，上有僧不下三十余年矣，不知今在否？亦可一往。

记承天寺[13]夜游

13 在黄州

14 苏轼黄州时友人。

15 藻荇，zǎoxìng，水草。

元丰六年十月十二日夜，解衣欲睡，月色入户，欣然起行。念无与乐者，遂至承天寺寻张怀民[14]。怀民亦未寝，相与步于中庭。庭下如积水空明，水中藻荇[15]交横，盖竹柏影也。何夜无月，何处无竹柏，但少闲人如吾两人耳。

游沙湖

16 蕲，qí，地名，湖北蕲春。

17 王羲之。

黄州东南三十里为沙湖，亦曰螺师店，予买田其间。因往相田得疾，闻麻桥人庞安常善医而聋，遂往求疗。安常虽聋，而颖悟绝人，以纸画字，书不数字，辄深了人意。余戏之曰：“余以手为口，君以眼为耳，皆一时异人也。”疾愈，与之同游清泉寺。寺在蕲[16]水郭门外二里许，有王逸少[17]洗笔泉，水极甘，下临兰溪，溪水西流。余作歌云："山下兰芽短浸溪，松间沙路净无泥，萧萧暮雨子规啼。谁道人生无再少？君看流水尚能西，休将白发唱黄鸡。"[18]是日剧饮而归。

18 即苏轼通常所谓《浣溪沙·游蕲水清泉寺》。

记游松江

吾昔自杭移高密，与杨元素同舟，而陈令举、张子野[19]皆从余过李公择[20]于湖，遂与刘孝叔俱至松江。夜半月出，置酒垂虹亭上。子野年八十五，以歌词闻于天下，作《定风波令》，其略云："见说贤人聚吴分[21]，试问，也应傍有老人星。"坐客欢甚，有醉倒者，此乐未尝忘也。今七年耳，子野、孝叔、令举皆为异物，而松江桥亭，今岁七月九日海风架潮，平地丈余，荡尽无复孑遗矣。追思曩时，真一梦耳。元丰四年十二月十二日，黄州临皋亭夜坐书。

19 张先，著名词人。

20 李公择，即李常，字元中，苏轼友。北宋元祐年间与李公麟、李公寅同中进士，时称"龙眠三李"。

21 吴分，指松江。分，分野。

游白水[22]书付过[23]

绍圣元年十月十二日，与幼子过游白水佛

22 白水山，在广东博罗。

23 苏过，苏轼三子。

24 同"涯"，水边。

迹院，浴于汤池，热甚，其源殆可熟物。循山而东，少北，有悬水百仞，山八九折，折处辄为潭，深者磓石五丈，不得其所止。雪溅雷怒，可喜可畏。水厓[24]有巨人迹数十，所谓佛迹也。暮归倒行，观山烧壮甚。俛仰度数谷，至江，山月出，击汰中流，掬弄珠璧。到家二鼓，复与过饮酒，食余甘，煮菜，顾影颓然，不复甚寐，书以付过。东坡翁。

记游庐山

25 高傲。

仆初入庐山，山谷奇秀，平生所未见，殆应接不暇，遂发意不欲作诗。已而见山中僧俗，皆云："苏子瞻来矣！"不觉作一绝云："芒鞋青竹杖，自挂百钱游。可怪深山里，人人识故侯。"既自哂前言之谬，又复作两绝云："青山若无素，偃蹇[25]不相亲。要识庐山面，他年是故人。"又云："自昔忆清赏，初游杳霭间。如今不是梦，真个是庐山。"是日有以陈令举《庐山记》见寄者，且行且读，见其中云徐凝、李白之诗，不觉失笑。旋入开先寺，主僧求诗，

宋　牧溪　潇湘八景图之江天暮雪　日本鹿苑寺藏

因作一绝云："帝遣银河一派垂，古来惟有谪仙辞。飞流溅沫知多少，不与徐凝洗恶诗。"往来山南地十余日，以为胜绝不可胜谈，择其尤者，莫如漱玉亭、三峡桥，故作此二诗。最后与总老同游西林，又作一绝云："横看成岭侧成峰，到处看山了不同[26]。不识庐山真面目，只缘身在此山中。"仆庐山诗尽于此矣。

26 句与世传《题西林壁》不同。

记游松风亭

余尝寓居惠州嘉祐寺，纵步松风亭下，足力疲乏，思欲就林止息。望亭宇尚在木末，意谓是如何得到？良久忽曰："此间有甚么歇不得处！"由是如挂钩之鱼，忽得解脱。若人悟此，虽兵阵相接，鼓声如雷霆，进则死敌，退则死法，当甚么时也不妨熟歇。

儋耳[27]夜书

己卯上元，余在儋耳，有老书生数人来过，曰："良月佳夜，先生能一出乎？"予欣然从之。

27 儋州。

28 酤，gū，买卖酒。

29 韩愈。

步城西，入僧舍，历小巷，民夷杂揉，屠酤[28]纷然，归舍已三鼓矣。舍中掩关熟寝，已再鼾矣。放杖而笑，孰为得失？问先生何笑，盖自笑也；然亦笑韩退之[29]钓鱼无得，更欲远去。不知钓者，未必得大鱼也。

忆王子立

仆在徐州，王子立、子敏皆馆于官舍，而蜀人张师厚来过，二王方年少，吹洞箫饮酒杏花下。明年，余谪黄州，对月独饮，尝有诗云："去年花落在徐州，对月酣歌美清夜。今日黄州见花发，小院闭门风露下。"盖忆与二王饮时也。张师厚久已死，今年子立复为古人，哀哉！

黎檬子

30 欧阳修。

吾故人黎錞，字希声，治《春秋》有家法，欧阳文忠公[30]喜之。然为人质木迟缓，刘贡父戏之为"黎檬子"，以谓指其德，不知果木中真有是也。一日联骑出，闻市人有唱是果鬻之者，大笑，几落马。今吾谪海南，所居有此，霜实累累，然二君皆入鬼录。坐念故友之风味，岂复可见！刘固不泯于世者，黎亦能文守道不苟随者也。

记刘原父[31]语

昔为凤翔幕，过长安，见刘原父，留吾剧饮数日。酒酣，谓吾曰："昔陈季弼告陈元龙[32]曰：'闻远近之论，谓明府[33]骄而自矜。'元龙曰：'夫闺门雍穆，有德有行，吾敬陈元方兄弟；渊清玉洁，有礼有法，吾敬华子鱼；清修疾恶，有识有义，吾敬赵元达；博闻强记，奇逸卓荦，吾敬孔文举；雄姿杰出，有王霸之略，吾敬刘玄德。所敬如此，何骄之有？余子琐琐[34]，亦安足录哉！'"因仰天太息。此亦原父之雅趣也。吾后在黄州，作诗云："平生我亦轻余子，晚岁谁人念此翁？"盖记原父语也。原父既没久矣，尚有贡父在，每与语，今复死矣，何时复见此俊杰人乎？悲夫！

31 刘敞，字原父；刘攽之兄。

32 陈季弼即陈矫，陈元龙即陈登；与下文陈元方兄弟、赵元达等均为汉末三国人物。

33 明府，官府，县令。

34 平庸，渺小。

怀古

广武[35]叹

昔先友史经臣彦辅谓余："阮籍登广武而叹曰：'时无英雄，使竖子[36]成其名！'岂谓沛公竖子乎？"余曰："非也，伤时无刘、项也，竖子指魏、晋间人耳。"其后余闻润州甘露寺有孔明、孙权、梁武[37]、李德裕之遗迹，余感之赋诗，其略曰："四雄皆龙虎，遗迹俨未刓[38]。方其盛壮时，争夺肯少安！废兴属造化，迁逝[39]谁控抟？况彼妄庸子，而欲事所难。聊兴广武叹，不得雍门弹[40]。"则犹此意也。今日读李太白《登古战场》诗云："沈湎呼竖子，狂言非至公。"乃知太白亦误认嗣宗[41]语，与先友之意无异也。嗣宗虽放荡[42]，本有意于世，以魏、晋间多故，故一放于酒，何至以沛公为竖子乎？

35 在河南郑州，楚汉相争之处。

36 竖子，童仆，小子；对人的蔑称。

37 南朝梁开国皇帝梁武帝，萧衍。

38 刓，wán，损坏，磨灭。

39 迁，变化；逝，过去。

40 战国时齐国人雍门子周，曾为孟尝君弹琴。

41 阮籍，字嗣宗。

42 风流旷达。

涂巷[43]小儿听说三国语

王彭尝云:“涂巷中小儿薄劣,其家所厌苦,辄与钱,令聚坐听说古话。至说三国事,闻刘玄德败,颦蹙[44]有出涕者;闻曹操败,即喜唱快。以是知君子小人之泽,百世不斩。”彭,恺之子,为武吏,颇知文章。余尝为作哀辞。字大年。

43 道路,街坊。

44 皱眉不快。

修养

养生说

已饥方食,未饱先止。散步逍遥,务令腹空。当腹空时,即便入室,不拘昼夜,坐卧自便,惟在摄身[45],使如木偶。常自念言:“今我此身,若少动摇,如毛发许,便堕地狱。如商君法,如孙武令,事在必行,有犯无恕。”又用佛语及老聃[46]语,视鼻端白,数出入息,绵绵若存,用之不勤[47]。数至数百,此心寂然,

45 摄,保养,整理,使安静。

46 老子,名李聃。

47 语出《老子》。

此身兀然，与虚空等，不烦禁制，自然不动。数至数千，或不能数，则有一法，其名曰“随”：与息俱出，复与俱入，或觉此息，从毛窍中，八万四千，云蒸雾散，无始以来，诸病自除，诸障渐灭，自然明悟。譬如盲人，忽然有眼，此时何用求人指路？是故老人言尽于此。

论雨井水

时雨降，多置器广庭中，所得甘滑不可名，以泼茶煮药，皆美而有益，正尔食之不辍，可以长生。其次井泉甘冷者，皆良药也。“乾”以九二化，“坤”之六二为“坎”，故天一为水[48]。吾闻之道士，人能服井花水[49]，其热与石硫黄钟乳等，非其人而服之，亦能发背脑为疽，盖尝观之。又分、至日[50]取井水，储之有方，后七日辄生物如云母状，道士谓“水中金”，可养炼为丹，此固常见之者。此至浅近，世独不能为，况所谓玄者乎？

48《尚书大传》：天一生水。

49 晨起初引之水。

50 节气，二分二至日。

论修养帖寄子由[51]

任性逍遥，随缘放旷，但尽凡心，别无胜解。以我观之，凡心尽处，胜解卓然。但此胜解不属有无，不通言语，故祖师教人到此便住。如眼翳尽，眼自有明，医师只有除翳药，何曾有求明药？明若可求，即还是翳。固不可于翳中求明，即不可言翳外无明。而世之昧者，便将颓然无知认作佛地，若如此是佛，猫儿狗儿得饱熟睡，腹摇鼻息，与土木同，当恁么时，可谓无一毫思念，岂谓猫狗已入佛地？故凡学者，观妄除爱[52]，自粗及细，念念不忘，会作一日，得无所住。弟所教我者，是如此否？因见二偈警策，孔君不觉耸然，更以闻之。书至此，墙外有悍妇与夫相殴，詈[53]声飞灰火，如猪嘶狗嗥。因念他一点圆明[54]，正在猪嘶狗嗥里面，譬如江河鉴[55]物之性，长在飞砂走石之中。寻常静中推求，常患不见，今日闹里忽捉得些子。元丰六年三月二十五日。

51 苏辙，字子由；苏轼弟。

52 爱欲。

53 詈，lì，骂。

54 佛家语，圆通明彻之性。

55 鉴，镜，映照。

导引[56]语

导引家云："心不离田，手不离宅[57]。"此语极有理。又云："真人之心，如珠在渊；众人之心，如泡在水。"此善譬喻者。

56 导引，指导引术，古代养生术；"导"指导气，"引"指引体。

57 田，丹田；宅，田宅；丹田亦为宅。皆为道家修炼语。

录赵贫子语

赵贫子谓人曰："子神不全。"其人不服，曰："吾僚友万乘，蝼蚁三军，糠粃富贵而昼夜生死，何谓神不全乎？"贫子笑曰："是血气所扶，名义所激，非神之功也。"明日问其人曰："子父母在乎？"曰："亡久矣。""尝梦见乎？"曰："多矣。""梦中知其亡乎？抑以为存也？"曰："皆有之。"贫子曰："父母之存亡，不待计议而知者也。昼日问子，则不思而对；夜梦见之，则以亡为存。死生之于梦觉有间矣，物之眩子而难知者，甚于父母之存亡。子自以神全而不学，可忧也哉！"予尝与其语，故录之。

养生难在去欲

昨日太守杨君采、通判张公规邀余出游安国寺，坐中论调气养生之事。余云："皆不足道，难在去欲。"张云："苏子卿[58]啮雪啖毡，蹈背出血，无一语少屈，可谓了生死之际矣，然不免为胡妇生子。穷居海上，而况洞房绮疏[59]之下乎？乃知此事不易消除。"众客皆大笑。余爱其语有理，故为记之。

58 苏武，字子卿；汉朝出使匈奴，被扣留十九年。

59 绮疏，qǐshū，雕成空心花纹之窗。

阳丹诀

冬至后斋居，常吸鼻液，漱炼令甘，乃咽下丹田。以三十瓷器，皆有盖，溺其中，已，随手盖之，书识其上，自一至三十。置净室，选谨朴[60]者守之。满三十日开视，其上当结细砂如浮蚁状，或黄或赤，密绢帕滤取。新汲水净，淘澄无度，以秽气尽为度，净瓷瓶合贮之。夏至后取细研，枣肉丸如梧桐子大，空心酒吞下，不限丸数，三五日后服尽。夏至后仍依前法采取，却候冬至后服。此名阳丹阴炼，须清净绝欲；若不绝欲，其砂[61]不结。

60 谨慎淳朴。

61 丹砂。

阴丹诀

取首生男子之乳，父母皆无疾恙者，并养其子，善饮食之，日取其乳一升，少只半升已来亦可。以硃砂银作鼎与匙，如无硃砂银，山泽银亦得。慢火熬炼，不住手搅如淡金色，可丸即丸，如桐子大，空心酒吞下，亦不限丸数。此名“阴丹阳炼”。世人亦知服秋石[62]，然皆非清净所结；又此阳物也，须复经火，经火之余皆其糟粕，与烧盐无异也。世人亦知服乳；乳，阴物，不经火炼则冷滑而漏精气也。此阳丹阴炼、阴丹阳炼，盖道士灵智妙用，沉机捷法，非其人不可轻泄，慎之！慎之！

62 秋石，道家一种丹药；别名秋丹石、秋冰、淡秋石等。传说是从童男童女尿液中取炼。

乐天[63]烧丹

乐天作庐山草堂，盖亦烧丹也，欲成而炉鼎败。来日，忠州刺史除书到。乃知世间、出世间事，不两立也。仆有此志久矣，而终无成者，亦以世间事未败故也，今日真败矣。《书》曰：“民之所欲，天必从也。”信而有徵。

63 白居易，字乐天，曾闲居庐山。

赠张鹗

张君持此纸求仆书，且欲发药。不知药，君当以何品？吾闻《战国策》中有一方，吾服之有效，故以奉传。其药四味而已：一曰无事以当贵，二曰早寝以当富，三曰安步以当车，四曰晚食以当肉。夫已饥而食，蔬食有过于八珍，而既饱之余，虽刍豢[64]满前，惟恐其不持去也。若此可谓善处穷者矣，然而于道则未也。安步自佚[65]，晚食为美，安以当车与肉为哉？车与肉犹存于胸中，是以有此言也。

记三养

东坡居士自今日以往，不过一爵一肉。有尊客，盛馔则三之，可损不可增。有召我者，预以此先之，主人不从而过是者，乃止。一曰安分以养福，二曰宽胃以养气，三曰省费以养财。元符三年八月。

64 牛羊猪犬等物。

65 快乐。

谢鲁元翰[66]寄暖肚饼

公昔遗余以暖肚饼，其直万钱。我今报公亦以暖肚饼，其价不可言。中空而无眼，故不漏；上直而无耳，故不悬；以活泼泼为内，非汤非水；以赤历历为外，非铜非铅；以念念不忘为项，不解不缚；以了了常知为腹，不方不圆。到希领取，如不肯承当，却以见还。

66 鲁有开，字元翰，苏轼友。

辟谷[67]说

洛下有洞穴，深不可测。有人堕其中不能出，饥甚，见龟蛇无数，每旦辄引首东望，吸初日光咽之，其人亦随其所向，效之不已，遂不复饥，身轻力强。后卒还家，不食，不知其所终。此晋武帝时事。辟谷之法以百数，此为上，妙法止于此。能服玉泉[68]，使铅汞具体，去仙不远矣。此法甚易知易行，天下莫能知，知者莫能行，何则？虚一而静者，世无有也。元符二年，儋耳米贵，吾方有绝粮之忧，欲与过子[69]共行此法，故书以授之。四月十九日记。

67 辟谷，bìgǔ，不吃五谷，道家修炼之法。

68 练功时服口中唾液。

69 儿子苏过。

记服绢

医官张君传服绢方，真神仙上药也。然绢本以御寒，今乃以充服食，至寒时当盖稻草席耳。世言着衣吃饭，今乃吃衣着饭耶?

记养黄中

元符三年，岁次庚辰；正月朔，戊辰；是日辰时，则丙辰也。三辰一戊，四土会焉，而加丙与庚：丙，土母，而庚其子也。土之富，未有过于斯时也。吾当以斯时肇[70]养黄中[71]之气，过此又欲以时取薤[72]姜蜜作粥以啖。吾终日默坐，以守黄中，非谪居海外，安得此庆耶?东坡居士记。

70 肇，矫正，端正。

71 心。据古之五行学说，土居中，中央正色为黄；心居五脏之中，故称“黄中”。

72 一种野菜，又名野韭。

疾病

子瞻患赤眼

余患赤目，或言不可食脍。余欲听之，而口不可，曰："我与子为口，彼与子为眼，彼何厚，我何薄？以彼患而废我食，不可。"子瞻不能决。口谓眼曰："他日我痁[73]，汝视物吾不禁也。"管仲有言："畏威如疾，民之上也；从怀如流，民之下也。"又曰："燕安[74]酖毒[75]，不可怀也。"《礼》曰："君子庄敬曰强，安肆[76]曰偷[77]。"此语乃当书诸绅，故余以"畏威如疾"为私记云。

73 口疮。

74 安逸享乐。

75 酖毒，毒酒，毒害。

76 安乐放纵。

77 苟且偷安。

治眼齿

岁日，与欧阳叔弼、晁无咎、张文潜[78]同在戒坛。余病目昏，将以热水洗之。文潜曰："目忌点洗。目有病，当存之，齿有病，当劳之，不可同也。治目当如治民，治齿当如治军，治民当如曹参之治齐，治军当如商鞅之治秦。"颇有理，故追录之。

78 晁补之、张耒。

庞安常耳聩[79]

蕲州庞君安常善医而聩，与人语，须书始能晓。东坡笑曰：“吾与君皆异人也，吾以手为口，君以眼为耳，非异人乎！”

79 耳聋。

梦寐

记梦参寥茶诗

昨夜梦参寥师携一轴诗见过，觉而记其《饮茶诗》两句云：“寒食清明都过了，石泉槐火一时新。”梦中问：“火固新矣，泉何故新？”答曰：“俗以清明淘井。”当续成诗，以记其事。

记梦赋诗

80 唐明皇，即唐玄宗。

81 梦醒。

轼初自蜀应举京师，道过华清宫，梦明皇[80]令赋《太真妃裙带词》，觉[81]而记之。今书赠柯山潘大临邠老，云："百叠漪漪水皱，六铢縰縰云轻。植立含风广殿，微闻环佩摇声。"元丰五年十月七日。

记子由梦

82 具，准备饭食。

元丰八年正月旦日，子由梦李士宁，草草为具[82]，梦中赠一绝句云："先生惠然肯见客，旋买鸡豚旋烹炙。人间饮酒未须嫌，归去蓬莱却无吃。"明年闰二月六日为予道之，书以遗过子。

记子由梦塔

83 眉州，苏轼家乡。

明日兄之生日，昨夜梦与弟同自眉[83]入京，行利州峡，路见二僧，其一僧须发皆深青，与同行。问其向去灾福，答云："向去甚好，无轍頓首。昨日承訪別，計起居清安。來日果東否？張十書煩為達達。春寒，千萬跋涉自重。不宣。轍頓首。知郡承議定國閣下。初五日。

宋　苏辙　春寒帖　台北“故宫博物院”藏

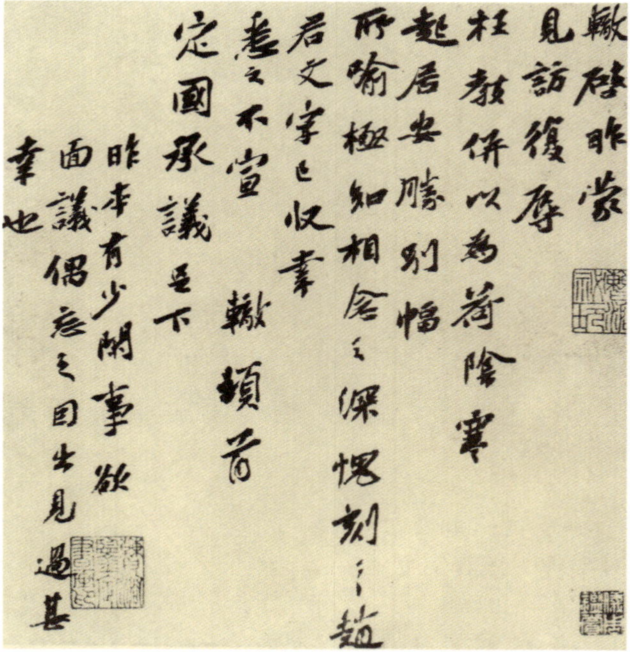

宋　苏辙　见访帖　台北“故宫博物院”藏

灾。”问其京师所需，“要好硃砂五六钱。”又手擎一小卯塔[84]，云：“中有舍利。”兄接得，卯塔自开，其中舍利灿然如花，兄与弟请吞之。僧遂分为三分，僧先吞，兄弟继吞之，各一两，细大不等，皆明莹而白，亦有飞迸空中者。僧言：“本欲起塔，却吃了！”弟云：“吾三人肩上各置一小塔便了。”兄言：“吾等三人，便是三所无缝塔[85]。”僧笑，遂觉。觉后胸中噎噎然，微似含物。梦中甚明，故闲报为笑耳。

84 木作塔，非北方之塔。

85 肉身。

梦中作《祭春牛文》

元丰六年十二月二十七日，天欲明，梦数吏人持纸一幅，其上题云：请《祭春牛文》。予取笔疾书其上，云：“三阳既至，庶草将兴，爰出土牛，以戒农事。衣被丹青之好，本出泥涂；成毁须臾之间，谁为喜愠？”吏微笑曰：“此两句复当有怒者。”旁一吏云：“不妨，此是唤醒他。”

梦中论左传

86 获没，得善终；没，通“殁”，死。

元佑六年十一月十九日五更，梦数人论《左传》，云：“《祈招》之诗固善语，然未见所以感切穆王之心，已其车辙马迹之意者。”有答者曰：“以民力从王事，当如饮酒，适于饥饱之度而已。若过于醉饱，则民不堪命，王不获没[86]矣。”觉而念其言似有理，故录之。

梦中作靴铭

87 担任副职。

88 杭州，因有山名武林。

轼倅[87]武林[88]日，梦神宗召入禁中，宫女围侍，一红衣女童捧红靴一只，命轼铭之。觉而记其一联云：“寒女之丝，铢积寸累；天步所临，云蒸雷起。”既毕进御，上极叹其敏，使宫女送出。睇视裙带间有六言诗一首云：“百叠漪漪风皱，六珠縰縰云轻。植立含风广殿，微闻环佩摇声。”

记梦

予尝梦客有携诗相过者，觉而记其一诗云：“道恶贼其身，忠先爱厥[89]亲。谁知畏九折[90]，亦自是忠臣。”文有数句若铭赞者，云：“道之所以成，不害其耕；德之所以修，不贼其牛。”

予在黄州，梦至西湖上，梦中亦知其为梦也。湖上有大殿三重，其东一殿题其额云“弥勒下生[91]”。梦中云：“是仆昔年所书。”众僧往来行道，太半相识，辨才、海月[92]皆在，相见惊异。仆散衫策杖，谢诸人曰：“梦中来游，不及冠带。”既觉，亡之。明日得芝上人[93]信，乃复理前梦，因书以寄之。

宣德郎、广陵郡王院大小学教授眉山任伯雨德公，丧其母吕夫人六十四日，号踊[94]，稍间，欲从事于佛。或劝诵《金光明经》，具言世所传本多误，惟咸平六年刊行者最为善本，又备载张居道再生事。德公欲访此本而不可得，方苫卧柩前，而外甥进士师续假寐于侧，忽惊觉曰：“吾梦至相国寺东门，有鬻姜者云：‘有此经。’梦中问曰：‘非咸平六年本乎？’曰：‘然。’‘有《居道传》乎？’曰：‘然。’此大

89 厥，jué，其，他的。

90 命运多波折。

91 下生，降生；佛教语。

92 僧人惠辩，苏轼友。

93 僧人昙秀。

94 痛哭顿足。

95 上天美食。

非梦也！”德公大惊，即使续以梦求之，而获睹鬻姜者之状，则梦中所见也。德公舟行扶柩归葬于蜀，余方贬岭外，遇吊德公楚、泗间，乃为之记。

昨日梦有人告我云：“如真飧佛寿，识妄吃天厨[95]。”予甚领其意。或曰：“真即飧佛寿，不妄吃天厨？”予曰：“真即是佛，不妄即是天，何但飧而吃之乎？”其人甚可予言。

梦南轩

96 萝卜。

97 先父，苏洵。

元佑八年八月十一日将朝，尚早，假寐，梦归谷行宅，遍历蔬圃中。已而坐于南轩，见庄客数人方运土塞小池，土中得两芦菔[96]根，客喜食之。予取笔作一篇文，有数句云：“坐于南轩，对修竹数百，野鸟数千。”既觉，惘然思之。南轩，先君[97]名之曰“来风”者也。

措大[98]吃饭

有二措大相与言志，一云：“我平生不足，惟饭与睡耳，他日得志，当饱吃饭，饭了便睡，睡了又吃饭。”一云：“我则异于是，当吃了又吃，何暇复睡耶！”吾来庐山，闻马道士嗜睡，于睡中得妙。然吾观之，终不如彼措大得吃饭三昧也。

98 俗语，穷酸读书人。

题李岩老

南岳李岩老好睡，众人食饱下棋，岩老辄就枕，阅数局乃一展转，云：“君几局矣？”东坡曰：“岩老常用四脚棋盘，只着[99]一色黑子。昔与边韶[100]敌手，今被陈抟[101]饶先。着时自有输赢，着了并无一物。”欧阳公诗云：“夜凉吹笛千山月，路暗迷人百种花。棋罢不知人换世，酒阑无奈客思家。”殆是类也。

99 着，落子下棋。

100 东汉人，学者，喜睡。

101 陈抟老祖，道教仙人；据说以睡修炼。

学问

记六一[102]语

顷岁孙莘老[103]识欧阳文忠公，尝乘间以文字问之，云："无它术，唯勤读书而多为之，自工。世人患作文字少，又懒读书，每一篇出，即求过人，如此少有至者。疵病不必待人指擿[104]，多作自能见之。"此公以其尝试者告人，故尤有味。

102 欧阳修，晚年号六一居士。

103 孙觉，苏轼友。

104 擿，tī，挑剔。

命分

退之平生多得谤誉

退之诗云："我生之辰，月宿南斗。"乃知退之磨蝎[105]为身宫，而仆乃以磨蝎为命，平生多得谤誉，殆是同病也。

105 星宿名，磨蝎宫。星象家称生平常遭挫折者为遭逢磨蝎。

马梦得同岁

马梦得与仆同岁月生，少仆八日。是岁生者，无富贵人，而仆与梦得为穷之冠。即吾二人而观之，当推梦得为首。

人生有定分

吾无求于世矣，所须二顷田以足饘[106]粥耳，而所至访问，终不可得。岂吾道方艰难，无适而可耶？抑人生自有定分，虽一饱亦如功名富贵不可轻得也？

106 zhān，稠。

送别

别子开[107]

子开将往河北，相度河宁。以冬至前一日被旨[108]，过节遂行。仆以节日来贺，且别之，留饮数盏，颓然竟醉。案上有此佳纸，故为作

107 曾肇，字子开；曾巩之弟。

108 接圣旨。

草露书[109]数纸。迟其北还，则又春矣，当为我置酒、蟹、山药、桃杏，是时当复从公饮也。

109 此处意或当为作“草露书”,具体何意不明。

昙秀相别

昙秀来惠州见予，将去，予曰：“山中见公还，必求一物，何以与之？”秀曰：“鹅城清风，鹤岭明月，人人送与，只恐它无着处。”予曰：“不如将几纸字去，每人与一纸，但向道：此是言《法华》[110]书里头有灾福。”

110 《妙法莲华经》。

别王子直

绍圣元年十月三日，始至惠州，寓于嘉祐寺松风亭，杖履所及，鸡犬相识。明年，迁于合江之行馆，得江楼豁彻之观，忘幽谷窈窕之趣，未见其所休戚，峤南、江北何以异也！虔州[111]鹤田处士王原子直不远千里访予于此，留七十日而去。东坡居士书。

111 江西赣州。

别石塔

石塔别东坡，予云："经过草草，恨不一见石塔。"塔起立云："遮着是砖浮图[112]耶？"予云："有缝。"塔云："若无缝，何以容世间蝼蚁？"予首肯之。

112 佛塔；又称浮屠。

别姜君

元符己卯闰九月，琼[113]士姜君来儋耳，日与予相从，庚辰三月乃归。无以赠行，书柳子厚《饮酒》《读书》二诗，以见别意。子归，吾无以遣日，独此二事日相与往还耳。二十一日书。

113 琼州。

别文甫子辩

仆以元丰三年二月一日至黄州，时家在南都，独与儿子迈来，郡中无一人旧识者。时时策杖在江上，望云涛渺然，亦不知有文甫兄弟在江南也。居十余日，有长髯者惠然[114]见过，乃文甫之弟子辩。留语半日，云："迫寒食，

114 顺心的样子。

且归东湖。”仆送之江上，微风细雨，叶舟横江而去。仆登夏隩[115]尾高邱以望之，髣髴[116]见舟及武昌，步乃还。尔后遂相往来，及今四周岁，相过殆百数。遂欲买田而老焉，然竟不遂。近忽量移临汝[117]，念将复去，而后期未可必。感物凄然，有不胜怀。浮屠[118]不三宿桑下者，有以也哉。七年三月九日。

115 黄州地名。

116 仿佛，依稀。

117 河南地名。

118 此处意为佛家僧人。

卷二

祭祀　兵略　时事　官职　致仕　隐逸　佛教　道释　异事

祭祀

八蜡[119]三代之戏礼

119 蜡，zhà，古时一种年终祭祀。

八蜡，三代之戏礼也。岁终聚戏，此人情之所不免也，因附以礼义。亦曰不徒戏而已矣。祭必有尸，无尸曰“奠”，始死之奠与释奠是也。今蜡谓之“祭”，盖有尸也。猫虎之尸，谁当为之？置鹿与女，谁当为之？非倡优而谁！葛带榛杖，以丧老物，黄冠草笠，以尊野服，皆戏之道也。子贡观蜡而不悦，孔子譬之曰：“一张一弛，文武之道。”盖为是也。

记朝斗[120]

120 道家法事，拜北斗星君。

121 法事之酒。

绍圣二年五月望日，敬造真一法酒[121]成，请罗浮道士邓守安拜奠北斗真君。将奠，雨作，已而清风肃然，云气解驳，月星皆见，魁标皆爽。彻奠，阴雨如初。谨拜首稽首，而记其事。

兵略

匈奴全兵

匈奴围汉平城，群臣上言："胡者全兵，请令强弩傅两矢外乡，徐行出围。"李奇注"全兵"云："惟弓矛，无杂仗也。"此说非是。使胡有杂仗，则傅矢外乡之策不得行欤？且奇何以知匈奴无杂仗也？匈奴特无弩耳。全兵者，言匈奴自战其地，不致死，不得与我行此危事也。

八阵图

诸葛亮造八阵图于鱼复[122]平沙之上，垒石为八行，相去二丈。桓温征谯纵，见之，曰："此常山蛇势[123]也。"文武皆莫识。吾尝过之，自山上俯视，百余丈，凡八行，为六十四蕝[124]，蕝正圜[125]，不见凹凸处，如日中盖影。予就视，皆卵石，漫漫不可辨，甚可怪也。

122 地名，在重庆奉节。

123 阵势。军事用语。

124 蕝，jué；古代朝会时表示位次的茅束，此处意为表记，标志。

125 圆。

时事

唐村老人言

126 空，贫穷无物。

儋耳进士黎子云言：城北十五里许有唐村，庄民之老曰允从者，年七十余，问子云言：“宰相何苦以青苗钱困我？于官有益乎？”子云言：“官患民贫富不均，富者逐什一益富，贫者取倍称，至鬻田质口不能偿，故为是法以均之。”允从笑曰：“贫富之不齐，自古已然，虽天公不能齐也，子欲齐之乎？民之有贫富，由器用之有厚薄也。子欲磨其厚，等其薄，厚者未动，而薄者先穴[126]矣！”元符三年，子云过予言此。负薪能谈王道，正谓允从辈耶？

记告讦[127]事

127 告发，举报。

元丰初，白马县民有被杀者，畏贼不敢告，投匿名书于县。弓手甲得之而不识字，以示门子乙。乙为读之，甲以其言捕获贼，而乙争其功。吏以为法禁匿名书，而贼以此发，不敢处之死，而投匿名者当流，为情轻法重，皆当奏。

苏子容为开封尹，方废滑州，白马为畿邑，上殿论奏："贼可减死，而投匿名者可免罪。"上曰："此情虽极轻，而告讦之风不可长。"乃杖而抚之。子容以谓贼不干己者告捕，而变主匿名，本不足深过，然先帝犹恐长告讦之风，此所谓忠厚之至。然熙宁、元丰之间每立一法，如手实、禁盐、牛皮之类，皆立重赏以劝告讦者，皆当时小人所为，非先帝本意。时范祖禹在坐，曰："当书之《实录》。"

官职

记讲筵

秘书监侍讲傅尧俞始召赴资善堂，对迩英阁。尧俞致谢，上遣人宣召答曰："卿以博学参预经筵，宜尊所闻，以辅不逮。"尧俞讲毕曲谢，上复遣人宣谕："卿讲义渊博，多所发挥，良嘉深叹。"是日，上读《三朝宝训》[128]，至天禧中，有二人犯罪，法当死，真宗皇帝恻然怜

128 宝训，宋时官修史书，记皇帝言行。

之，曰："此等安知法，杀之则不忍，舍之无以励众。"乃使人持去，笞而遣之，以斩讫奏。又祀汾阴日，见一羊自掷道左，怪问之，曰："今日尚食杀其羔。"真宗惨然不乐，自是不杀羊羔。资政殿学士韩维读毕，因奏言："此特真宗皇帝小善耳，然推其心以及天下，则仁不可胜用也。真宗自澶渊之役却狄之后，十九年不言兵而天下富，其源盖出于此。昔孟子论齐王不忍杀觳觫之牛，以为是心足以王。今恩足以及禽兽而功不及于百姓，岂不能哉？盖不为耳！外人皆云皇帝陛下仁孝发于天性，每行见昆虫蝼蚁，违而过之，且敕左右勿践履，此亦仁术也。臣愿陛下推此心以及百姓，则天下幸甚！"轼时为右史，奏曰："臣今月十五日侍迩英阁，切见资政殿学士韩维因读《三朝宝训》至真宗皇帝好生恶杀，因论皇帝陛下在宫中不忍践履虫蚁，其言深切，可以推明圣德，益增福寿。臣忝备位右史，谨书其事于册，又录一本上进，意望陛下采览，无忘此心，以广好生之德，臣不胜大愿！"

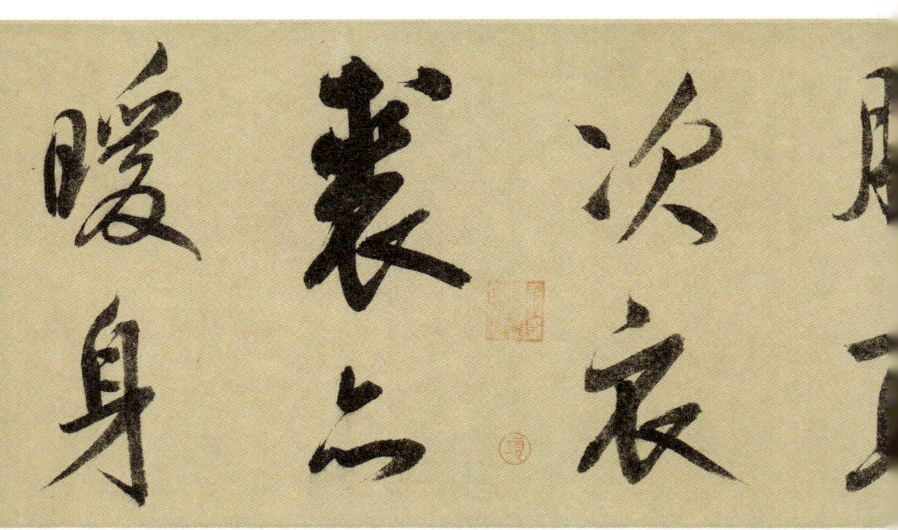

宋 赵构 行书白居易自咏诗卷（局部）

隨宜
飲食
聊充

禁同省往来

元佑元年，余为中书舍人，时执政患本省事多漏泄，欲于舍人厅后作露篱，禁同省往来。余曰：“诸公应须简要清通，何必栽篱插棘！”诸公笑而止。明年竟作之。暇日读《乐天集》[129]，有云：“西省北院，新构小亭，种竹开窗，东通骑省，与李常侍窗下饮酒作诗。”乃知唐时得西掖作窗以通东省，而今日本省不得往来，可叹也。

129 白居易诗集。

记盛度诰词

盛度，钱氏婿，而不喜惟演[130]，盖邪正不相入也。惟演建言二后并配，御史中丞范讽发其奸，落平章事，以节度使知随州。时度几七十，为知制诰，责词云：“三星之媾，多戚里之家；百两所迎，皆权要之子。”盖惟演之姑嫁刘氏，而其子娶于丁谓也。人怪度老而笔力不衰，或曰：“度作此词久矣。”元佑三年十二月二十一日讲筵，上未出，立延和殿中，时轼方论周穜擅议宗庙[131]，苏子容因道此。

130 钱惟演，吴越王钱俶子，归宋。

131 指郓州人周穜进言，欲令王安石配享宋神宗事。苏轼反对。

张平叔制词

乐天行张平叔[132]户部侍郎判度支制诰云："吾坐而决事，丞相以下不过四五，而主计[133]之臣在焉。"以此知唐制，主计盖坐而论事也，不知四五者悉何人？平叔议盐法至为割剥，事见退之集；今乐天制诰亦云"计能析秋毫，吏畏如夏日"，其人必小人也。

132 唐朝时大臣。

133 官名，主管国家财政赋税。此称当指唐时之户部。

致仕

请广陵[134]

今年吾当请广陵，暂与子由相别。至广陵逾月，遂往南郡，自南郡诣梓州，泝流归乡，尽载家书而行，迤逦[135]致仕，筑室种果于眉，以须子由之归而老焉。不知此愿遂否？言之怅然也。

134 扬州。

135 曲折而行。

买田求归

浮玉老师元公[136]欲为吾买田京口[137]，要与浮玉之田相近者，此意殆不可忘。吾昔有诗云："江山如此不归山，江神见怪惊我顽。我谢江神岂得已，有田不归如江水！"今有田矣不归，无乃食言于神也耶？

136 人名；其人不详。老师、公都可以称僧人。

137 江苏镇江。

贺下不贺上

贺下不贺上，此天下通语。士人历官一任，得外无官谤，中无所愧于心，释肩[138]而去，如大热远行，虽未到家，得清凉馆舍，一解衣漱濯，已足乐矣。况于致仕[139]而归，脱冠佩，访林泉，顾平生一无可恨者，其乐岂可胜言哉！余出入文忠门最久，故见其欲释位归田，可谓切矣。他人或苟以藉口，公发于至情，如饥者之念食也，顾势有未可者耳。观与仲仪[140]书，论可退之节三，至欲以得罪、病而去。君子之欲退，其难如此，可以为进者之戒。

138 放下肩头负担。

139 辞去官职。

140 王素，字仲仪；宋大臣。

隐逸

书杨朴事

昔年过洛，见李公简言：“真宗既东封[141]，访天下隐者，得杞[142]人杨朴，能诗。及召对，自言不能。上问：‘临行有人作诗送卿否？’朴曰：‘惟臣妾有一首云：更休落魄耽杯酒，且莫猖狂爱咏诗。今日捉将官里去，这回断送老头皮。’上大笑，放还山。”余在湖州，坐作诗追赴诏狱，妻子送余出门，皆哭。无以语之，顾语妻曰：“独不能如杨处士妻作诗送我乎？”妻子不觉失笑，余乃出。

141 东巡泰山封禅。

142 河南杞县。

白云居士

张愈，西蜀隐君子也，与予先君游，居岷山下白云溪，自号白云居士。本有经世志，特以自重难合，故老死草野，非槁项黄馘[143]盗名者也。偶至西湖静轩，见其遗句，怀仰其人，命寺僧刻之石。

143 馘，xù，脸。槁项黄馘，语出《庄子·列御寇》，意为面黄肌瘦，形容枯槁。

佛教

读《坛经》

近读六祖《坛经》，指说法、报、化三身，使人心开目明。然尚少一喻；试以眼喻：见是法身，能见是报身，所见是化身。何谓见是法身？眼之见性，非有非无，无眼之人，不免见黑，眼枯睛亡，见性不灭，故云见是法身。何谓能见是报身？见性虽存，眼根不具，则不能见，若能安养其根，不为物障，常使光明洞彻，见性乃全，故云能见是报身。何谓所见是化身？根性既全，一弹指顷，所见千万，纵横变化，俱是妙用，故云所见是化身。此喻既立，三身愈明。如此是否？

改《观音》咒

《观音经》云："咒咀诸毒药，所欲害身者，念彼观音力，还着于本人。"东坡居士曰："观音，慈悲者也。今人遭咒咀，念观音之力而使还着于本人，则岂观音之心哉？”今改之曰：“咒咀诸毒药，所欲害身者，念彼观音力，两家总没事。”

诵经帖

东坡食肉诵经，或云：“不可诵。”坡取水漱口，或云：“一碗水如何漱得！”坡云：“惭愧，阇黎[144]会得！”

144 梵语音译，僧人。

诵《金刚经》帖

蒋仲甫闻之孙景修言：近岁有人凿山取银矿至深处，闻有人诵经声。发之，得一人，云：“吾亦取矿者，以窟坏不能出，居此不知几年。平生诵《金刚经》自随，每有饥渴之念，即若有人自腋下以饼饵遗之。”殆此经变[145]现也。道家言“守一”，若饥，“一”与之粮；若渴，“一”与之浆。此人于经中，岂所谓得“一”者乎？

145 佛经变相，为描绘佛经典籍所记述情景内容或佛传故事的图画；又称变相。

善女人。於此經中。乃至受持四句偈等。為他人
說。而此福德。勝前福德。
復次須菩提。隨說是經。乃至四句偈等。當知此
處。一切世間天人阿脩羅。皆應供養。如佛塔廟。
何況有人。盡能受持讀誦。須菩提。當知是人成
就最上第一希有之法。若是經典所在之處。即
為有佛。若尊重弟子。

尒時須菩提白佛言。世尊。當何名此經。我等云
何奉持。佛告須菩提。是經名為金剛般若波羅
蜜。以是名字。汝當奉持。所以者何。須菩提。佛說
般若波羅蜜。即非般若波羅蜜。是名般若波羅
蜜。須菩提。於意云何。如來有所說法不。須菩提
白佛言。世尊。如來無所說。須菩提。於意云何。三
千大千世界。所有微塵。是為多不。須菩提言。甚
多。世尊。須菩提。諸微塵。如來說非微塵。是名微
塵。如來說世界非世界。是名世界。須菩提。於意

宋　苏轼　金刚经（局部）

金剛般若波羅蜜經

如是我聞。一時佛在舍衛國。祇樹給孤獨園。與
大比丘衆千二百五十人俱。尔時世尊食時。著
衣持鉢。入舍衛大城乞食。於其城中。次第乞已。
還至本處。飯食訖。收衣鉢。洗足已。敷座而坐。
時長老須菩提。在大衆中。即從座起。偏袒右肩。
右膝著地。合掌恭敬。而白佛言。希有世尊。如来
善護念諸菩薩。善付囑諸菩薩。世尊。善男子善
女人。發阿耨多羅三藐三菩提心。云何應住。云

莊嚴。是故須菩提。諸菩薩摩訶薩。應如是生清
淨心。不應住色生心。不應住聲香味觸法生心。
應無所住而生其心。須菩提。譬如有人。身如須
彌山王。於意云何。是身為大不。須菩提言。甚大
世尊。何以故。佛說非身。是名大身。
須菩提。如恒河中所有沙數。如是沙等恒河。於
意云何。是諸恒河沙。寧為多不。須菩提言。甚多
世尊。但諸恒河。尚多無數。何況其沙。須菩提。我

僧伽[146]何国[147]人

泗州大圣，《僧伽传》云：“和尚何国人也。”又世云莫知其所从来，云：“不知何国人也。”近读《隋史·西域传》，乃有何国。余在惠州，忽被命责儋耳。太守方子容自携告身来，且吊余曰：“此固前定，可无恨。吾妻沈素事僧伽谨甚，一夕梦和尚告别，沈问所往，答云：“当与苏子瞻同行。后七十二日，当有命。”今适七十二日矣，岂非前定乎！余以谓事之前定者，不待梦而知。然余何人也，而和尚辱与同行，得非夙世有少缘契乎？

146 僧伽，梵语音译，意为佛教僧团。此处又为泗州大圣，即这位唐代名僧的法号。

147 何国，国名，唐朝时为属国。

袁宏论佛说

袁宏《汉纪》曰：“浮屠，佛也，西域天竺国有佛道焉。佛者，汉言觉也，将以觉悟群生也。其教也，以修善慈心为主，不杀生，专务清净，其精者为沙门[148]。沙门，汉言息也，盖息意去欲，归于无为。又以为人死精神不灭，随复受形，生时善恶皆有报应，故贵行修善道以炼精神，以至无生，而得为佛也。”东坡居

148 沙门，梵语音译，出家人，高僧。

士曰：此殆中国始知有佛时语也，虽浅近，大略具足矣。野人得鹿，正尔煮食之耳，其后卖与市人，遂入公庖中，馔之百方。然鹿之所以美，未有丝毫加于煮食时也。

道释

赠邵道士

身如芭蕉，心如莲花，百节疏通，万窍玲珑。来时一，去时八万四千。此义出《楞严》，世未有知之者也。元符三年九月二十一日，书赠都峤[149]邵道士。

149 地名，广西容县。

书李若之事

《晋书·方技传》有幸灵者，父母使守稻，牛食之，灵见而不驱。牛去，乃理其残乱者。父母怒之，灵曰："物各欲食，牛方食，奈何驱之？"父母愈怒，曰："即如此，何用理乱者为？”灵曰：“此稻又欲得生。”此言有理，灵固有道者耶？吕猗母足得痿痹病十余年，灵疗之，去母数步坐，瞑目寂然。有顷，曰：“扶起夫人坐。”猗曰：“夫人得疾十年，岂可仓卒令起耶？”灵曰：“且试扶起。”两人夹扶而立，少顷，去夹者，遂能行。学道养气者，至足之余，能以气与人，都下道士李若之能之，谓之“布气”。吾中子迨[150]少羸多疾，若之相对坐为布气，迨闻腹中如初日所照，温温也。盖若之曾遇得道异人于华岳下云。

150 苏迨，苏轼儿子。

记苏佛儿语

元符三年八月，余在合浦，有老人苏佛儿来访，年八十二，不饮酒食肉，两目烂然，盖童子也。自言十二岁斋居修行，无妻子。有兄弟三人，皆持戒念道，长者九十二，次者九十。与论生死事，颇有所知。居州城东南六七里。佛儿（云）：“尝卖菜之东城，见老人言：‘即心是佛，不在断肉。’余言：‘勿作此念，众人难感易流[151]。’老人大喜，曰：‘如是，如是。’”

151 流，放纵，无节制。

记道人戏语

绍圣二年五月九日，都下有道人坐相国寺卖诸禁方，缄题其一曰：卖“赌钱不输方”。少年有博者，以千金得之。归，发视其方，曰：“但止乞头。”道人亦善鬻术矣，戏语得千金，然亦未尝欺少年也。

陆道士能诗

陆道士惟忠，字子厚，眉山人，好丹药，通术数，能诗，萧然有出尘之姿。久客江南，无知之者。予昔在齐安[152]，盖相从游，因是谒子由高安[153]，子由大赏其诗。会吴远游[154]之过彼，遂与俱来惠州，出此诗。

152 地名，在黄州。

153 地名，在江西。当时苏辙贬官居此。

154 吴复古，号远游。

朱氏子出家

朱氏子出家，小名照僧，少丧父，与其母尹皆愿出家。照僧师守素，乃参寥子弟子也。照僧九岁，举止如成人，诵《赤壁赋》，铿然鸾鹤声也，不出十年，名闻四方。此参寥子之法孙，东坡之门僧也。

寿禅师[155]放生

钱塘寿禅师，本北郭税务专知官，每见鱼虾，辄买而放，以是破家。后遂盗官钱为放生之用，事发坐死，领赴市[156]矣。吴越钱王使人视之，若悲惧如常人，即杀之；否，则舍之。禅师淡然无异色，乃舍之。遂出家，得法眼净。禅师应以市曹得度，故菩萨乃现市曹以度之。学出生死法，得向死地走之一遭，抵三十年修行。吾窜逐海上，去死地稍近，当于此证阿罗汉果。

155 永明延寿禅师，禅宗法眼宗三祖师。

156 赴市集处决。

僧正兼州博士

《杜牧集》有《敦煌郡僧正兼州学博士僧慧苑除临坛大德制词》，盖宣宗复河、湟时事也。蕃僧最贵中国紫衣师号，种世衡[157]知[158]青涧城，无以使此等，辄出牒补授。君子予其权，不责其专也。

157 种，chóng，仲平，宋大将。

158 知守，主管。

卓契顺禅话

苏台定慧院净人[159]卓契顺，不远数千里，陟岭渡海，候无恙于东坡。东坡问："将甚么土物来？"顺展两手。坡云："可惜许数千里空手来。"顺作荷担势，信步而去。

159 净人，佛寺里从事杂役的低等僧人。

僧文荤食名

僧谓酒为"般若汤"，谓鱼为"水梭花"，鸡为"钻篱菜"，竟无所益，但自欺而已，世常笑之。人有为不义而文之以美名者，与此何异哉！

本、秀[160]非浮图之福

稷下[161]之盛，胎[162]骊山[163]之祸；太学三万人[164]，嘘枯吹生，亦兆党锢[165]之冤。今吾闻本、秀二僧，皆以口耳区区奔走王公[166]，汹汹都邑，安得而不败？殆非浮屠氏之福也。

160 法号中有本、秀二字的二位僧人。

161 地名，在齐地临淄。此指战国时期的稷下学派事。

162 孕育，潜伏。

163 地名，在咸阳。此处指秦始皇之焚书坑儒。

164 东汉末洛阳，史称有太学生三万。

165 汉末党锢之乱。

166 攀附权贵。

付僧惠诚游吴中代书十二

妙总师参寥子，予友二十余年矣，世所知其诗文，所不知者，盖过于诗文也。好面折[167]人过失，然人知其无心，如虚舟之触物[168]，盖未尝有怒者。

径山长老维琳，行峻而通，文丽而清。始，径山祖师有约，后世止以甲乙住持。予谓以适事之宜而废祖师之约，当于山门选用有德，乃以琳嗣事[169]。众初有不悦其人，然终不能胜悦者之多且公也，今则大定矣。

杭州圆照律师，志行苦卓，教法通洽，昼夜行道二十余年矣，无一念顷有作相。自辨才归寂，道俗皆宗之。

秀州本觉寺一长老，少盖有名进士，自文字言语悟入。至今以笔研作佛事，所与游皆一时文人。

净慈楚明长老自越州来。始，有旨召小本禅师住法云寺。杭人忧之，曰："本去，则净慈众散矣。"余乃以明嗣事，众不散，加多，益千余人。

苏州仲殊师利[170]和尚，能文，善诗及歌词，

167 当面指摘。

168 语出《庄子》，意为自然无心。

169 继承法门。

170 法号仲殊，字师利。苏轼友。

皆操笔立成，不点窜一字。予曰："此僧胸中无一毫发事。"故与之游。

苏州定慧长老守钦，予初不识。比至惠州，钦使侍者卓契顺来问予安否，且寄十诗。予题其后曰："此僧清逸绝俗，语有璨、忍[171]之通，而诗无岛、可[172]之寒。"予往来吴中久矣，而不识此僧，何也？

下天竺净慧禅师思义学行甚高，综练世事。高丽非时遣僧来，予方请其事于朝，使义馆之。义日与讲佛法，词辨蜂起，夷僧莫能测。又具得其情以告，盖其才有过人者。

孤山思聪[173]闻复师，作诗清远如画，工而雅逸可爱，放而不流，其为人称其诗。

祥符寺可久、垂云、清顺三阇黎，皆予监郡日所与往还诗友也。清介贫甚，食仅足而衣几于不足也，然未尝有忧色。老矣，不知尚健否？

法颖沙弥，参寥子之法孙也，七八岁事师如成人。上元夜予作乐灭慧[174]，颖坐一夫肩上顾之。予谓曰："出家儿亦看灯耶？"颖愀然变色，若无所容，啼呼求去。自尔不复出嬉游，今六七年矣，后当嗣参寥者。

予在惠州，有永嘉罗汉院僧惠诚来谓曰：

171 禅宗三祖僧璨，五祖弘忍。

172 唐诗人贾岛，与其弟诗僧无可。

173 钱塘僧人，字闻复。

174 佛家谓娱戏无益，灭人智慧。

“明日当还浙东。”问所欲干者，予无以答之。念吴、越多名僧，与予善者常十九，偶录此数人以授惠诚，使归见之，致予意，且谓道予居此起居饮食状，以解其念也。信笔书纸，语无伦次，又当尚有漏落者，方醉不能详也。绍圣二年东坡居士书。

异事上

王烈石髓

王烈入山得石髓，怀之以饷嵇叔夜[175]。叔夜视之，则坚为石矣。当时若杵碎或错磨食之，岂不贤于云母、钟乳辈哉？然神仙要有定分，不可力求。退之[176]有言：“我宁诘曲自世间，安能从汝巢神仙。”如退之性气，虽出世间人亦不能容；叔夜婞[177]直，又甚于退之也。

175 嵇康，字叔夜。

176 韩愈。

177 婞，xìng，刚强固执。

记道人问真

道人徐问真，自言潍州[178]人，嗜酒狂肆，能啖生葱鲜鱼，以指为针，以土为药，治病良有验。欧阳文忠公[179]为青州，问真来从公游，久之乃求去。闻公致仕，复来汝南，公常馆之，使伯和父兄弟为之主。公常有足疾，状少异，医莫能喻。问真教公汲引气血自踵至顶，公用其言，病辄已。忽一日求去甚力，公留之，不可，曰："我有罪，我与公卿游，我不复留。"公使人送之，果有冠铁冠丈夫长八尺许，立道周俟之。问真出城，顾村童使持药笥。行数里，童告之求去。问真于髻中出小瓢如枣大，再三覆之掌中，得酒满掬者二，以饮童子，良酒也。自尔不复知其存亡，而童子径发狂，亦莫知其所终。轼过汝阴，公具言如此。其后贬黄州，而黄冈县令周孝孙暴得重膇[180]疾，轼试以问真口诀授之，七日而愈。元佑六年十一月二日，与叔弼父、季默父[181]夜坐话其事，事复有甚异者，不欲尽书，然问真要为异人也。

178 山东潍坊。

179 欧阳修。

180 脚肿。

181 二人皆为欧阳修儿子，父为男子尊称。

记刘梦得[182]有诗记罗浮山[183]

山不甚高，而夜见日，此可异也。山有二楼，今延祥寺在南楼下，朱明洞在冲虚观后，云是蓬莱第七洞天。唐永乐道士侯道华以食邓天师枣仙去，永乐有无核枣，人不可得，道华得之。余在岐下，亦得食一枚云。唐僧契虚遇人导游稚川仙府，真人问曰：“汝绝三彭之仇乎？”虚不能答。冲虚观后有米真人朝斗坛，近于坛上获铜龙六，铜鱼一。唐有《梦铭》，云“紫阳真人山玄卿撰”。又有蔡少霞者，梦遣书牌，题云：“五云阁吏蔡少霞书。”

182 唐诗人刘禹锡，字梦得。

183 罗山、浮山，合称罗浮山，是有名的仙山。在今广东博罗。

记罗浮异境

有官吏自罗浮都虚观游长寿，中路睹见道室数十间，有道士据槛坐，见吏不起。吏大怒，使人诘之，至则人室皆亡矣。乃知罗浮凡圣杂处，似此等异境，平生修行人有不得见者，吏何人，乃独见之。正使一凡道士见己不起，何足怒？吏无状如此，得见此者必前缘也。

东坡升仙

吾昔谪黄州，曾子固[184]居忧[185]临川，死焉。人有妄传吾与子固同日化去，且云："如李长吉时事，以上帝召他。"时先帝亦闻其语，以问蜀人蒲宗孟，且有叹息语。今谪海南，又有传吾得道，乘小舟入海不复返者，京师皆云，儿子书来言之。今日有从广州来者，云太守何述言吾在儋耳一日忽失所在，独道服在耳，盖上宾也。吾平生遭口语无数，盖生时与韩退之相似，吾命在斗间而身宫在焉[186]。故其诗曰："我生之辰，月宿南斗。"且曰："无善声以闻，无恶声以扬。"今谤我者，或云死，或云仙，退之之言良非虚尔。

184 曾巩，字子固。

185 父母去世而居丧。

186 指与韩愈一样，苏轼自己也身宫磨蝎，所以一生磨难。

黄仆射[187]

虔州[188]布衣赖仙芝言：连州有黄损仆射者，五代时人。仆射盖仕南汉官也，未老退归，一日忽遁去，莫知其存亡。子孙画像事之，凡三十二年。复归，坐阼阶上，呼家人。其子适不在，孙出见之。索笔书壁云："一别人间岁

187 仆射，púyè，职官名。秦时设置，后代奉行。因古代重武，主射者掌事，故诸官之长称仆射。

188 江西赣州。

月多，归来人事已消磨。惟有门前鉴池水，春风不改旧时波。”投笔竟去，不可留。子归，问其状貌，孙云：“甚似影堂老人也。”连人相传如此。其后颇有禄仕者。

冲退处士[189]

章詧[190]，字隐之，本闽人，迁于成都数世矣。善属文，不仕，晚用太守王素荐，赐号冲退处士。一日，梦有人寄书召之者，云东岳道士书也。明日，与李士宁游青城，濯足水中，詧谓士宁曰：“脚踏西溪流去水。”士宁答曰：“手持东岳寄来书。”詧大惊，不知其所自来也。未几，詧果死。其子禩[191]亦以逸民[192]举，仕一命乃死。士宁，蓬州人也，语默不常，或以为得道者，百岁乃死。常见余成都，曰：“子甚贵，当策举首。”已而果然。

189 古时称有德才而隐居不愿做官的人，也指未做过官的士人。

190 詧，chá，意同“察”。

191 禩，sì，同“祀”。

192 隐士。

臞仙帖

司马相如谄事武帝，开西南夷之隙。及病且死，犹草《封禅书》，此所谓死而不已者耶？列仙之隐居山泽间，形容甚臞，此殆“四果”[193]人也。而相如鄙之，作《大人赋》，不过欲以侈言广武帝意耳。夫所谓大人者，相如孺子，何足以知之！若贾生[194]鹏鸟赋》，真大人者也。庚辰八月二十二日，东坡书。

193 佛家所说的四种修行果位、境界。

194 贾谊。

记鬼

秦太虚[195]言：宝应民有以嫁娶会客者，酒半，客一人竟起出门。主人追之，客若醉甚将赴水者，主人急持之。客曰：“妇人以诗招我，其辞云：‘长桥直下有兰舟，破月冲烟任意游。金玉满堂何所用，争如年少去来休。’仓皇就之，不知其为水也。”然客竟亦无他。夜会说鬼，参寥举此，聊为之记。

195 秦观，字少游，字太虚。苏轼弟子，著名词人。

界當此盛夏對之凜凜如立風雪中覺惠連所賦猶未盡山林景耳吁一筆墨間向得之而愈病今得而清暑善觀者宜以神遇而不徒目視也五月二十日高郵秦觀記

余曩臥病汝南友人高符仲
攜摩詰輞川圖過直中相
示言能愈疾遂命童持於枕
旁閱之恍入華子岡泊文杏
竹裏館與裴迪諸人相酬唱忘
此身之匏繫也因念摩詰畫意
在塵外景在筆端足以娛性
情而悅耳目前身畫師

宋　秦观　秦观书摩诘辋川图跋　台北“故宫博物院”藏

李氏子再生说冥间事

戊寅十一月，余在儋耳，闻城西民李氏处子病卒两日复生。余与进士何旻同往见其父，问死生状。云：初昏，若有人引去，至官府幕下。有言："此误追。"庭下一吏云："可且寄禁。"又一吏云："此无罪，当放还。"见狱在地窟中，隧而出入。系者皆儋人，僧居十六七。有一妪身皆黄毛如驴马，械而坐，处子识之，盖儋僧之室也。曰："吾坐用檀越钱物，已三易毛[196]矣。"又一僧亦处子邻里，死已二年矣，其家方大祥，有人持盘飧及钱数千，云："付某僧。"僧得钱，分数百遗门者，乃持饭入门去，系者皆争取其饭。僧饭，所食无几。又一僧至，见者擎跪作礼。僧曰："此女可差人速送还。"送者以手擘墙壁使过，复见一河，有舟，使登之。送者以手推舟，舟跃，处子惊而寤。是僧岂所谓地藏菩萨耶？书此为世戒。

196 三次改变皮毛形象。

道士张易简

吾八岁入小学，以道士张易简为师。童子几百人，师独称吾与陈太初者。太初，眉山市井人子也。余稍长，学日益，遂第进士制策，而太初乃为郡小吏。其后余谪居黄州，有眉山道士陆惟忠自蜀来，云："太初已尸解[197]矣。蜀人吴师道为汉州太守，太初往客焉。正岁日，见师道求衣食钱物，且告别。持所得尽与市人贫者，反坐于戟门下，遂卒。师道使卒舁往野外焚之，卒骂曰：'何物道士，使吾正旦舁死人！'太初微笑开目曰：'不复烦汝。'步自戟门至金雁桥下，趺坐[198]而逝。焚之，举城人见烟焰上眇眇焉有一陈道人也。"

197 道家所谓死而成仙之一种方式。

198 佛家打坐，结跏趺坐。

辨附语[199]

世有附语者，多婢妾贱人，否则衰病不久当死者也。其声音举止皆类死者，又能知人密事，然皆非也。意有奇鬼能为是耶？昔人有远行者，欲观其妻于己厚薄，取金钗藏之壁中，忘以语之。既行而病且死，以告其仆。既而不

199 附体人身而语。

死。忽闻空中有声，真其夫也，曰："吾已死，以为不信，金钗在某处。"妻取得之，遂发丧。其后夫归，妻乃反以为鬼也。

三老语

尝有三老人相遇，或问之年。一人曰："吾年不可记，但忆少年时与盘古有旧。"一人曰："海水变桑田时，吾辄下一筹，尔来吾筹已满十间屋。"一人曰："吾所食蟠桃，弃其核于昆仑山下，今已与昆山齐矣。"以余观之，三子者与蜉蝣朝菌何以异哉?

桃花悟道

世人有见古德见桃花悟道者，争颂桃花，便将桃花作饭，五十年转没交涉[200]。正如张长史[201]见担夫与公主争路而得草书之气，欲学长史书，便日就担夫求之，岂可得哉?

200 没有成果。

201 张旭，唐朝初年大书法家。

尔朱道士[202]炼朱砂丹

尔朱道士晚客于眉山，故蜀人多记其事。自言受记于师云："汝后遇白石浮，当飞仙去。"尔朱虽以此语人，亦莫识所谓。后去眉山，乃客于涪州[203]，爱其所产丹砂，虽琐细而皆矢镞状，莹彻不杂土石，遂止炼丹。数年，竟于涪州白石仙去，乃知师所言不谬。吾闻长老道其事甚多，然不记其名字，可恨也。《本草》[204]言："丹砂出符陵谷。"陶隐居[205]云："符陵是涪州。"今无复采者。吾闻熟于涪者云："采药者时复得之，但时方贵辰锦砂，故此不甚采尔。"读《本草》偶记之也。

202 尔朱洞，唐末五代名道士，号归元子。

203 四川涪陵。

204《神农本草经》。

205 陶弘景，南朝时著名隐士。

卷三

异事　技术　四民　女妾　贼盗　夷狄

异事下

朱炎学禅

芝上人言：近有节度判官朱炎学禅，久之，忽于《楞严经》若有所得者。问讲僧义江曰："此身死后，此心何住？"江云："此身未死，此心何住？"炎良久以偈答曰："四大不须先后觉，六根还向用时空。难将语默呈师也，只在寻常语默中。"师可之。炎后竟坐化，真庙[206]时人也。

206 宋真宗；庙指庙号。

故南华长老重辨师逸事

契嵩禅师常瞋，人未尝见其笑；海月慧辨师常喜，人未尝见其怒。予在钱塘，亲见二人皆趺坐而化。嵩既荼毗[207]，火不能坏，益薪炽火，有终不坏者五。海月比葬，面如生，且微笑。乃知二人以瞋喜作佛事也。世人视身如金玉，不旋踵[208]为粪土，至人反是。予以是知一切法以爱故坏，以舍故常在，岂不然哉！予迁岭南，

207 荼毗，chápí，梵语音译，意为焚烧。指僧人死后将尸体火化。

208 扭脚，很短时间。

始识南华重辨长老，语终日，知其有道也。予自岭南还，则辨已寂久矣。过南华吊其众，问塔墓所在，曰："我师昔有寿塔南华之东数里，有不悦师者葬之别墓，既七百余日矣，今长老明公独奋不顾，发而归之寿塔。改棺易衣，举体如生，衣皆鲜芳，众乃大愧服。"东坡居士曰：辨视身为何物，弃之尸陁林[209]，以饲乌鸢何有，安以寿塔为？明公知辨者，特欲以化服同异而已。乃以茗果奠其塔而书其事，以遗其上足南华塔主可兴师。时元符三年十二月十九日。

209 佛家谓葬尸场。

冢中弃儿吸蟾气

富彦国在青社，河北大饥，民争归之。有夫妇襁负一子，未几，迫于饥困，不能皆全，弃之道左空冢中而去。岁定归乡，过此冢，欲收其骨，则儿尚活，肥健愈于未弃时，见父母，匍匐来就。视冢中空无有，惟有一窍滑易，如蛇鼠出入，有大蟾蜍如车轮，气咻咻然，出穴中。意儿在冢中常呼吸此气，故能不食而健。自尔遂不食，年六七岁，肌肤如玉。其父抱儿来京师，以示小儿医张荆筐。张曰："物之有气者能蛰，燕蛇虾蟆之类是也。能蛰则能不食，不食则寿，此千岁虾蟆也。决不当与药，若听其不食不娶，长必得道。"父喜，携去，今不知所在。张与余言，盖嘉祐六年也。

石普见奴为祟

石普好杀人，以杀为娱，未尝知暂悔也。醉中缚一奴，使其指使投之汴河，指使哀而纵之。既醒而悔，指使畏其暴，不敢以实告。居久之，普病，见奴为祟，自以必死。指使呼奴示之，祟不复出，普亦愈。

陈昱被冥吏误追

今年三月，有书吏陈昱者暴死三日而苏，云：初见壁有孔，有人自孔掷一物，至地化为人，乃其亡姊也。携其手自孔中出，曰："冥吏追汝，使我先。"见吏在旁，昏黑如夜，极望有明处，空有桥，榜曰“会明”。人皆用泥钱，桥极高，有行桥上者。姊曰：“此生天[210]也。”昱行桥下，然犹有在下者，或为鸟鹊所啄。姊曰：“此网捕者也。”又见一桥，曰“阳明”，人皆用纸钱。有吏坐曹十余人，以状及纸钱至者，吏辄刻除之，如抽贯[211]然。已而见冥官，则陈襄述古也。问昱何故杀乳母，昱曰：“无之。”呼乳母至，血被面，抱婴儿，熟视昱曰：“非此人也，乃门下吏陈周。”官遂放昱还，曰：“路远，当给竹马。”又使诸曹检己籍，曹示之，年六十九，官左班殿直。曰：“以平生不烧香，故不甚寿。”又曰：“吾辈更此一报，即不同矣。”意谓当超也。昱还，道见追陈周往。既苏，周果死。

210 佛家语，意为死后而生于天界。此意为天界。

211 从钱串中抽取。

记异

有道士讲经茅山，听者数百人。中讲，有自外入者，长大肥黑，大骂曰：“道士奴！天正热，聚众造妖何为？”道士起谢曰：“居山养徒，资用乏，不得不尔。”骂者怒少解，曰：

212 同“灶”。

“须钱不难，何至作此！”乃取釜竈[212]杵臼之类，得百余斤，以少药锻之，皆为银，乃去。后数年，道士复见此人从一老道士，须发如雪，骑白驴，此人腰插一驴鞭从其后。道士遥望叩头，欲从之。此人指老道士，且摇手作惊畏状，去如飞，少顷即不见。

猪母佛

213 牝，pìn；雌性。

眉州青神县道侧有一小佛屋，俗谓之“猪母佛”，云百年前有牝[213]猪伏于此，化为泉，有二鲤鱼在泉中，云：“盖猪龙也。”蜀人谓牝猪为母，而立佛堂其上，故以名之。泉出石上，深不及二尺，大旱不竭，而二鲤莫有见者。余一日偶见之，以告妻兄王愿，愿深疑，意余之诞也。余亦不平其见疑，因与愿祷于泉上曰：“余若不诞者，鱼当复见。”已而二鲤复出，愿大惊，再拜谢罪而去。此地应为灵异。青神文及者，以父病求医，夜过其侧，有髽而负琴者邀至室，及辞以父病，不可留，而其人苦留之，欲晓乃遣去。行未数里，见道傍有劫贼所杀人，赫然未冷也，否则及亦未免耳。泉在石佛镇南五里许，青神二十五里。

王翊梦鹿剖桃核而得雄黄[214]

黄州岐亭有王翊者，家富而好善。梦于水边见一人为人所殴伤，几死，见翊而号，翊救之得免。明日偶至水边，见一鹿为猎人所得，已中几枪。翊发悟，以数千赎之。鹿随翊起居，未尝一步舍翊。又翊所居后有茂林果木，一日，有村妇林中见一桃，过熟而绝大，独在木杪，乃取而食之。翊适见，大惊。妇人食已弃其核，翊取而剖之，得雄黄一块如桃仁，及嚼而吞之，甚甘美。自是断荤肉，斋居一食，不复杀生，亦可谓异事也。

214 一种硫化矿物，可入药。

徐则不传晋王广[215]道

东海徐则隐居天台，绝粒[216]养性。太极真人徐君降之曰："汝年出八十，当为王者师，

215 隋炀帝杨广，登基前封晋王。

216 辟谷，绝食。

217 行事正直，言语却要谨慎。语出《论语·宪问》。

然后得道。”晋王广闻其名，往召之。则谓门人曰：“吾年八十来召我，徐君之言信矣。”遂诣扬州。王请受道法，辞以时日不利。后数日而死，支体如生，道路皆见其徒步归，云：“得放还山。”至旧居，取经书分遗弟子，乃去。既而丧至。予以谓徐生高世之人，义不为炀帝所污，故辞不肯传其道而死。徐君之言，盖聊以避祸，岂所谓危行言逊[217]者耶？不然，炀帝之行，鬼所唾也，而太极真人肯置之齿牙哉！

先夫人不许发藏[218]

218 掘取藏物。

219 租借。

220 做纺织品行业。

昔吾先君夫人僦[219]宅于眉，为纱縠行[220]。一日，二婢子熨帛，足陷于地。视之，深数尺，有大瓮覆以乌木板，先夫人急命以土塞之。瓮有物如人咳声，凡一年乃已，人以为此有宿藏物欲出也。夫人之侄之问者，闻之欲发焉。会吾迁居，之问遂僦此宅，掘丈余，不见瓮所在。其后某官于岐下，所居大柳下，雪方尺不积；雪晴，地坟起数寸。轼疑是古人藏丹药处，欲发之。亡妻崇德君曰：“使吾先姑在，必不发也。”轼愧而止。

太白山[221]旧封公爵

吾昔为扶风从事[222]，岁大旱，问父老境内可祷者，云："太白山至灵，自昔有祷无不应。近岁向传师少师为守，奏封山神为济民侯，自此祷不验，亦莫测其故。"吾方思之，偶取《唐会要》看，云："天宝十四年，方士上言太白山金星洞有宝符灵药，遣使取之而获，诏封山神为灵应公。"吾然后知神之所以不悦者，即告太守遣使祷之，若应，当奏乞复公爵，且以瓶取水归郡。水未至，风雾相缠，旗幡飞舞，髣髴若有所见。遂大雨三日，岁大熟。吾作奏检具言其状，诏封明应公。吾复为文记之，且修其庙。祀之日，有白鼠长尺余，历酒馔上，嗅而不食。父老云："龙也。"是岁嘉祐七年。

221 秦岭之山。在陕西太白。

222 苏轼曾任凤翔节度判官。

记范蜀公[223]遗事

李方叔言：范蜀公将薨数日，须发皆变苍，郁然如画也。公平生虚心养气，数尽神往而血气不衰，故发于外耶？然范氏多四乳，固与人

223 范镇，字景仁，封蜀郡公，北宋名臣。

异，公又立德如此，其化也必不与万物同尽，盖有不可知者也。元符四年四月五日。

记张憨子

224 唐末诗人。有咏雪诗传世。

黄州故县张憨子，行止如狂人，见人辄骂云：“放火贼！”稍知书，见纸辄书郑谷[224]雪诗。人使力作，终日不辞。时从人乞，予之钱，不受。冬夏一布褐，三十年不易，然近之不觉有垢秽气。其实如此，至于土人所言，则甚异者，盖不可知也。

记女仙

225 汴京。

予顷在都下[225]，有传太白诗者，其略曰：“朝披梦泽云。”又云：“笠钓清茫茫。”此非世人语也，盖有见太白在肆中而得此诗者。神仙之道，真不可以意度。绍圣元年九月，过广州，访崇道大师何德顺。有神仙降于其室，自言女仙也。赋诗立成，有超逸绝尘语。或以其托于箕帚，如世所谓“紫姑神”者疑之。然味其言，非紫姑所能至。人有入狱鬼、群鸟兽者讬于箕帚，岂足怪哉？崇道好事喜客，多与贤士大夫为游，其必有以致之也哉？

池鱼踊起

眉州人任达为余言：少时见人家畜数百鱼深池中，沿池砖甃，四周皆屋舍，环绕方丈间凡三十余年，日加长。一日天晴无雷，池中忽发大声如风雨，鱼皆踊起，羊角[226]而上，不知所往。达云：“旧说不以神守，则为蛟龙所取，此殆是尔。”余以为蛟龙必因风雨，疑此鱼圈局三十余年，日有腾拔[227]之念，精神不衰，久而自达，理自然尔。

226 羊角旋风，比喻强大的风力。语出《庄子·逍遥游》。

227 腾跃高飞。

孙抃[228]见异人

眉[229]之彭山进士有宋筹者，与故参知政事孙抃梦得同赴举，至华阴，大雪，天未明，过华山下。有牌堠[230]云“毛女峰”者，见一老姥

228 抃，biàn，鼓掌欢喜。

229 眉州。

230 堠，hòu，古代瞭望敌情的土堡。

坐堠下，鬓如雪而无寒色。时道上未有行者，不知其所从来，雪中亦无足迹。孙与宋相去数百步，宋先过之，亦怪其异，而莫之顾。孙独留连与语，有数百钱挂鞍，尽与之。既追及宋，道其事。宋悔，复还求之，已无所见。是岁，孙第三人及第，而宋老死无成。此事蜀人多知之者。

修身历

子由言：有一人死而复生，问冥官如何修身，可以免罪？答曰："子宜置一卷历，昼日之所为，莫夜必记之，但不记者，是不可言不可作也。无事静坐，便觉一日似两日，若能处置此生常似今日，得至七十，便是百四十岁。人世间何药可能有此效！既无反恶，又省药钱。此方人人收得，但苦无好汤使，多咽不下。"晁无咎言："司马温公[231]有言：'吾无过人者，但平生所为，未尝有不可对人言者耳。'"予亦记前辈有诗曰："怕人知事莫萌心。"皆至言，可终身守之。

231 **司马光，赠温国公。**

技术

医生

近世医官仇鼎，疗痈[232]肿为当时第一，鼎死，未有继者。今张君宜所能，殆不减鼎。然鼎性行不甚纯淑，世或畏之。今张君用心平和，专以救人为事，殆过于鼎远矣。元丰七年四月七日。

232 脓疮。

论医和语

男子之生也覆，女子之生也仰，其死于水也亦然。男子内阳而外阴，女子反是。故《易》曰"'坤'至柔而动也刚"，《书》曰"沉潜刚克"，世之达者，盖如此也。秦医和曰："天有六气，淫为六疾：阳淫热疾，阴淫寒疾，风淫末疾，雨淫腹疾，晦[233]淫惑疾，明淫心疾。夫女阳物而晦时，故淫则为内热蛊惑之疾。"

233 晦，夜晚。

女为蛊惑，世之知者众，其为阳物而内热，虽良医未之言也。五劳七伤，皆热中而蒸，晦淫者不为蛊则中风，皆热之所生也。医和之语，吾当表而出之。读《左氏》，书此。

记与欧公语

欧阳文忠公尝言：有患疾者，医问其得疾之由，曰："乘船遇风，惊而得之。"医取多年柂牙[234]为柂工手汗所渍处，刮末，杂丹砂、茯神之流，饮之而愈。今《本草注别药性论》云："止汗，用麻黄根节及故竹扇为末服之。"文忠因言："医以意用药多此比，初似儿戏，然或有验，殆未易致诘也。"予因谓公："以笔墨烧灰饮学者，当治昏惰耶？推此而广之，则饮伯夷之盥水，可以疗贪；食比干之馂[235]余，可以已佞；舐樊哙之盾，可以治怯；鼰[236]西子之珥[237]，可以疗恶疾矣。"公遂大笑。元佑六年闰八月十七日，舟行入颍州界，坐念二十年前见文忠公于此，偶记一时谈笑之语，聊复识之。

234 舵牙，操纵船行之杆。

235 剩饭。

236 嗅。

237 玉做的耳饰。

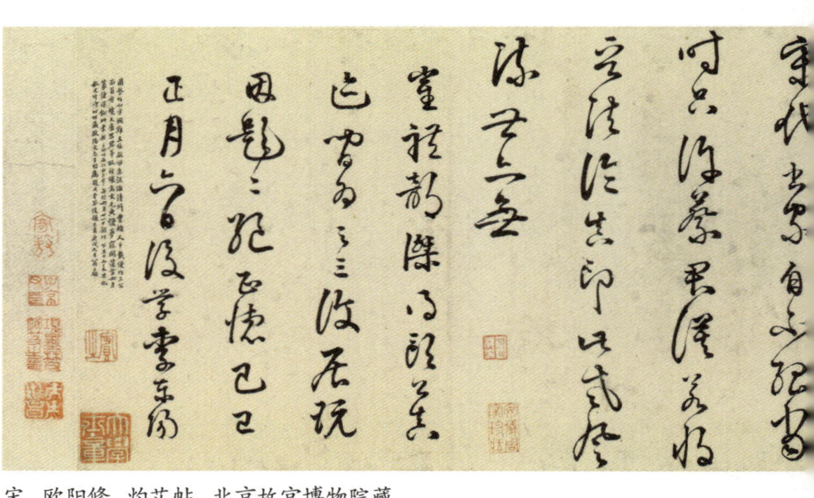

宋 欧阳修 灼艾帖 北京故宫博物院藏

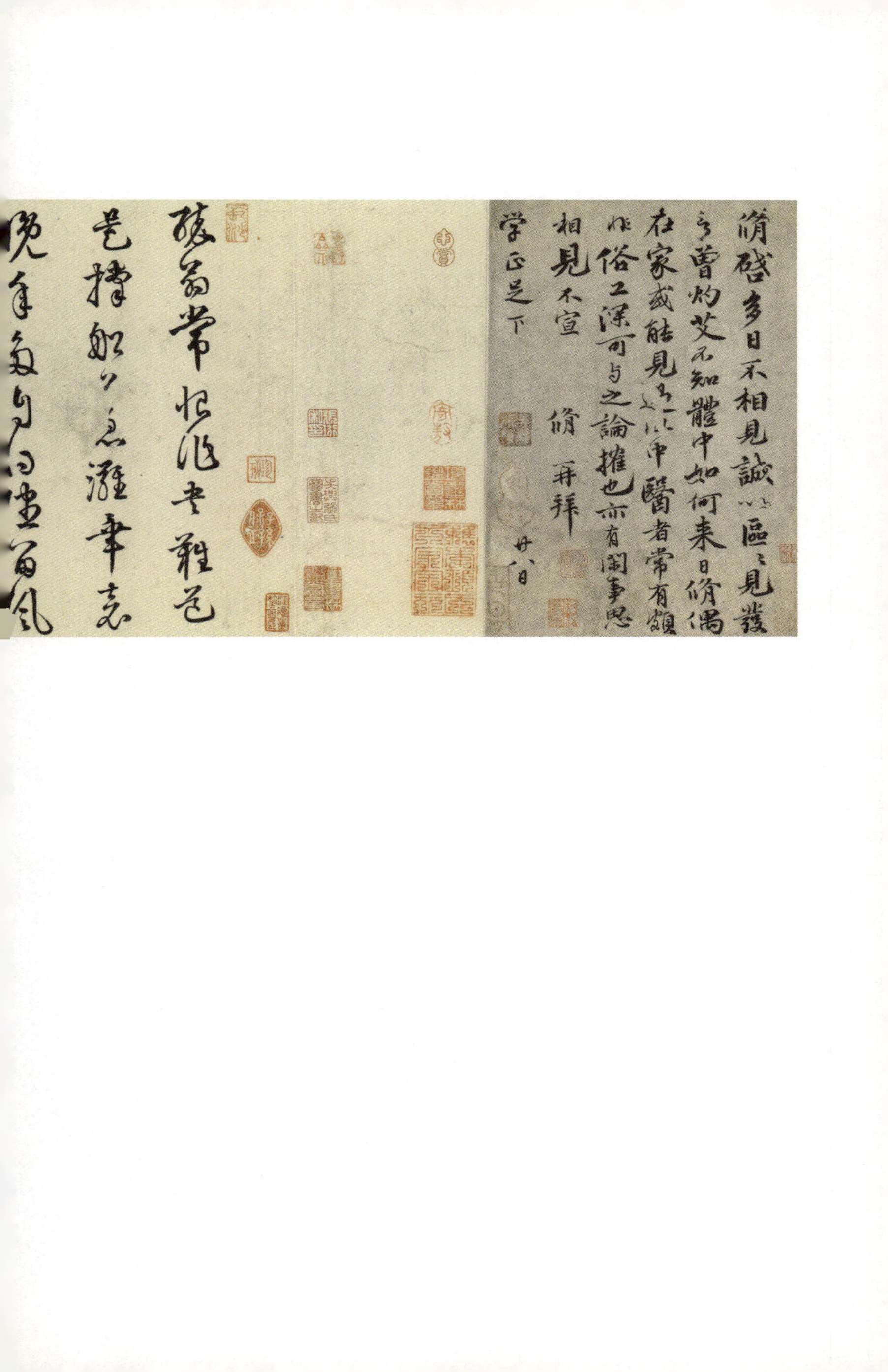

襄啓：多日不相見，誠以區區，見發，曾灼艾，不知體中如何？來日襄偶在家，或能見過，此中醫者常有頗非俗工，深可與之論推也。亦有閑事，思相見。不宣。襄再拜。學正足下。廿八日。

参寥求医

庞安常为医，不志于利，得善书古画，喜辄不自胜。九江湖道士颇得其术，与予用药，无以酬之，为作行草数纸而已，且告之曰："此安常故事[238]，不可废也。"参寥子病，求医于胡，自度无钱，且不善书画，求予甚急。予戏之曰："子粲、可、皎、彻[239]之徒，何不下转语作两首诗乎？"庞、胡二君与吾辈游，不曰"索我于枯鱼之肆"[240]矣。

238 本事。

239 四位祖宗人物，分别为祖师僧璨、弘忍，与诗僧皎然、灵彻。

240 语出《庄子·外物》，为车辙中的鲋鱼之语。

王元龙治大风方

王斿[241]元龙言："钱子飞有治大风方，极验，常以施人。一日梦人自云：'天使已以此病人，君违天怒，若施不已，君当得此病，药不能愈。'子飞惧，遂不施。"仆以为天之所病，不可疗耶，则药不应服有效；药有效者，则是天不能病。当是病之祟，畏是药而假天以禁人耳。晋侯之病，为二竖子[242]；李子豫赤丸[243]，亦先见于梦，盖有或使之者。子飞不察，为鬼所胁。若余则

241 斿，yóu，同"游"。王斿，字元龙。

242 奴仆；此语出《左传·成公十年》，言晋侯梦疾之事。

243 打鬼的药丸，语出《太平广记》。

不然，苟病者得愈，愿代受其苦。家有一方，能下腹中秽恶，在黄州试之，病良已。今后当常以施人。

延年术

自省事[244]以来，闻世所谓道人有延年之术者，如赵抱一、徐登、张元梦，皆近百岁，然竟死，与常人无异。及来黄州，闻浮光有朱元经尤异，公卿尊师之者甚众，然卒亦病，死时中风搐搦[245]。但实能黄白[246]，有余药金皆入官。不知世果无异人耶？抑有而人不见，此等举非耶？不知古所记异人虚实，无乃与此等不大相远，而好事者缘饰之耶？

244 懂事，成年。

245 抽搐。

246 黄白术，道家所谓炼化凡铁成金银之类。

单骧孙兆

蜀人单骧者，举进士不第，顾以医闻。其术虽本于《难经》《素问》，而别出新意，往往巧发奇中，然未能十全也。仁宗皇帝不豫，诏孙兆与骧入侍，有间，赏赉不赀[247]。已而大

247 赀，zī，计算。不赀，多，不计其数。

渐[248]，二子皆坐诛[249]，赖皇太后仁圣，察其非罪，坐废数年。今骧为朝官，而兆已死矣。予来黄州，邻邑人庞安常者，亦以医闻，其术大类骧，而加之以针术绝妙。然患聋，自不能愈，而愈人之病如神。此古人所以寄论于目睫[250]也耶？骧、安常皆不以贿谢为急，又颇博物，通古今，此所以过人也。元丰五年三月，予偶患左手肿，安常一针而愈，聊为记之。

248 大渐，病危。

249 坐诛，受到牵连被诛杀。坐，连坐。

250 目睫之论，谓人眼力虽好，不能自见其睫毛；喻能知人，不能见己。此处意为医者不能自医。

僧相[251]欧阳公

欧阳文忠公尝语："少时有僧相我：'耳白于面，名满天下；唇不着齿，无事得谤。'其言颇验。"耳白于面，则众所共见，唇不着齿，余亦不敢问公，不知其何如也。

251 看相，相面。

记真君签

冲妙先生季君思聪所制观妙法象，居士以忧患之余，稽首洗心，归命真寂。自惟尘缘深重，恐此志未遂，敢以签卜，得吴真君第三签，云："平生常无患，见善其何乐。执心既坚固，见善勤修学。"敬再拜受教，书《庄子·养生》一篇，致自厉之意，不敢废坠，真圣验之。绍圣元年八月二十一日，东坡居士南迁过虔，与王嵓[252]翁同谒祥符宫，拜九天使者堂下，观之妙象，实同此言。

252 古同"岩"。

信道智法说

东坡居士迁于海南，忧患之余，戊寅九月晦，游天庆观，谒北极真圣[253]，探灵签，以决余生之祸福吉凶。其辞曰："道以信为合，法以智为先。二者不离析，寿命不得延。"览之竦然，若有所得，书而藏之，以无忘信道法智二者不相离之意。轼恭书：古之真人未有不以信人者，子思则曰："自诚明谓之性。"此之谓也。孟子曰："执中无权，由执一也。"法而不智，则天下之死法也。道不患不知，患不凝；法不患不立，患不活。以信合道，则道凝；以智先法，则法活。道凝而法活，虽度世[254]可也，况延寿乎？

253 道家的北极四圣真君。

254 度世，超脱尘世。

记筮[255]卦

戊寅十月五日，以久不得子由书，忧不去心，以《周易》筮之。遇《涣》之三爻，《初六》变《中孚》，其繇[256]曰："用拯马壮[257]吉。"《中孚》之《九二》变为《益》，其繇曰："鸣鹤在阴，其子和之。我有好爵，吾与尔靡之。"《益》之《初六》变为《家人》，其繇曰："益之，用凶事，无咎。有孚中行，告公用圭。"《家人》之繇曰："《家人》利女贞。"象曰："风自火出，《家人》。君子以言有物，而行有恒也。"吾考此卦极精详，口以授过[258]，又书而藏之。

255 以蓍草占卜。

256 zhòu，古同"宙"，占卜的文辞。

257 戕害。

258 儿子苏过。

费孝先卦影[259]

至和二年，成都人有费孝先者始来眉山，云：近游青城山，访老人村，坏其一竹床。孝先谢不敏，且欲偿其直。老人笑曰："子视其下字云：此床以某年月日某造，至某年月日为费孝先所坏。成坏自有数，子何以偿为！"孝先知其异，乃留师事之，老人受以《易》轨革卦影之术，前此未知有此学者。后五六年，孝

259 占卦时所制图形。

先以致富。今死矣，然四方治其学者，所在而有，皆自托于孝先，真伪不可知也。聊复记之，使后人知卦影之所自也。

记天心正法咒

王君善书符，行天心正法，为里人[260]疗疾驱邪。仆尝传此咒法，当以传王君。其辞曰："汝是已死我，我是未死汝。汝若不吾祟，吾亦不汝苦。"

260 乡人。

辨五星聚东井[261]

天上失星，崔浩[262]乃云："当出东井。"已而果然，所谓"亿则屡中"者耶？汉十月，五星聚东井，金、水尝附日不远；而十月，日在箕、尾[263]，此浩所以疑其妄。以余度之，十月为正，盖十月乃今之八月尔。八月而得七月节，则日犹在翼、轸[264]间，则金、水[265]聚于井亦不甚远。方是时，沛公未得天下，甘、石[266]何意谄之？浩之说，未足信也。

261 井星，二十八宿之一。

262 南北朝时北魏人，《魏书》有传记其事。

263 星宿名。

264 星宿名。

265 星宿名。

266 甘公，石申；战国时二天文学家。

四民

论贫士

俗传书生入官库，见钱不识。或怪而问之，生曰：“固知其为钱，但怪其不在纸裹中耳。”予偶读渊明《归去来词》云：“幼稚盈室，瓶无储粟。”乃知俗传信而有徵。使瓶有储粟，亦甚微矣，此翁平生只于瓶中见粟也耶？《马后纪》：夫人见大练[267]为异物；晋惠帝问饥民何不食肉糜，细思之皆一理也，聊为好事者一笑。永叔[268]常言：“孟郊诗：‘鬓边虽有丝，不堪织寒衣。’纵使堪织，能得多少？”

267 粗织物。

268 欧阳修。

梁贾[269]说

梁民有贾[270]于南者，七年而后返。茹杏实海藻，呼吸山川之秀，饮泉之香，食土之洁，泠泠风气，如在其左右，朔易弦化，磨去风瘤[271]，望之蝤蛴[272]然，盖项领[273]也。倦游以归，顾

269 商贾，商人。

270 行商，做生意。

271 今谓结节。

272 天牛幼虫；指洁白修长。

273 项领，肥大的脖颈。项，大；领，颈。一说脖颈，项，也是颈。

274 自得自满。

275 酒水。

276 叹息，抽咽。

277 栉，zhì，梳头。

278 同“俯”，向前屈身低头。

279 惭愧。

280 古时姬姓姜姓女子，喻高贵美好。

281 瘤。

282 强悍不驯的奴仆。

视形影，日有德色[274]，徜徉旧都，踌躇顾乎四邻，意都之人与邻之人，十九莫己若也。入其闺，登其堂，视其妻，反惊以走：“是何怪耶？”妻劳之，则曰：“何关于汝！”馈之浆[275]，则愤不饮；举案而饲之，则愤不食；与之语，则向墙而欷歔[276]；披巾栉[277]而视之，则唾而不顾。谓其妻曰：“若何足以当我？亟去之！”妻俛[278]而怍[279]，仰而叹曰：“闻之：居富贵者不易糟糠，有姬姜[280]者不弃憔悴。子以无瘿[281]归，我以有瘿逐。呜呼，瘿邪！非妾妇之罪也！”妻竟出。于是贾归家三年，乡之人憎其行，不与婚。而土地风气，蒸变其毛脉，啜菽饮水，动摇其肌肤，前之丑稍稍复故。于是还其室，敬相待如初。君子谓是行也，知贾之薄于礼义多矣。居士曰：贫易主，贵易交，不常其所守，兹名教之罪人；而不知学术者，蹈而不知耻也。交战乎利害之场，而相胜于是非之境，往往以忠臣为敌国，孝子为格虏[282]，前后纷纭，何独梁贾哉！

梁工说

梁工治丹竈[283]有日矣。或有自三峰来，持淮南王书，欲授枕中奇秘：坎离[284]生养之法，阴阳九六之数，子女南北之位，或黄或白，生生而不穷，以是强兵，以是绪余，以博施济众。而其始也，密室为场，空地为炉，外烬山木，上煮天一[285]，坏[286]父鼎母，养以既济[287]，风火絪缊[288]，而瓦砾化生。方士未毕其说，工悦之，然以为尽之矣。退试其术，逾月破竈，而黄金已芽矣。于是谢方士，方士曰："子得予之方，未得究其良，知其一不知其二。余弗邀利于子，后日不成，不以相仇，则子之惠也。"工重谢之曰："若之术殚于是矣，予固知之矣，岂若愚我者哉！"遂歌《骊驹》[289]以遣送之。束书在于腰，长揖而去。工日治其诀，更增益剂量，其贪婪无厌。童东山之木[290]，汲西江之水，夜火属月魄，昼火属日光，操之弥勤，而其术愈疏，为之不已。而其费滋甚，牛马销于铅汞，室庐尽于钳锤，券土田，质妻子，萧条褴褛，而其效不进。至老以死，终不悟。君子曰：术之不慎，学之不至者然也，非师之罪也。

283 炼丹炉。

284 坎为水，离为火；水火法，指炼丹术。

285 天一，天一星。此谓炼丹法术，集天地之精。一说煮药为天一汤，因《易经》："天一生水"。

286 同"坯"。

287 既济，卦名；象为水火如炼丹。

288 弥漫。

289 古时送别之曲。

290 大伐山树，把山变秃。

291 用抹子涂墙。

292 涂墙，铺地。

居士曰：圬[291]墙画墁[292]，天下之贱工，而莫不有师。问之不下，思之不熟，与无师同。其师之不至，圬墙画墁之不若也。不至，则欺其中，亦以欺其外。欺其中者己穷，欺外者人穷。如梁工盖自穷，亦安能穷人哉！

女妾

贾氏五不可

晋武帝欲为太子娶妇，卫瓘曰：“贾氏有五不可：青、黑、短、妒而无子。”竟为群臣所誉，娶之，竟以亡晋。妇人黑白美恶，人人知之，而爱其子，欲为娶妇，且使多子者，人人同也。然至其惑于众口，则颠倒错缪如此。俚语曰“证龟成鳖”，此未足怪也。以此观之，当云“证龟成蛇”。小人之移人也，使龟蛇易位，而况邪正之在其心，利害之在岁月后者耶！

贾婆婆荐昌朝[293]

温成皇后乳母贾氏，宫中谓之贾婆婆。贾昌朝连结之，谓之姑姑。台谏论其奸，吴春卿欲得其实而不可。近侍有进对者曰："近日台谏言事，虚实相半，如贾姑姑事，岂有是哉！"上默然久之，曰："贾氏实曾荐昌朝。"非吾仁宗盛德，岂肯以实语臣下耶！

293 贾昌朝，宋仁宗时为宰相。

石崇家婢

王敦至石崇家如厕，脱故着新，意色不怍[294]。厕中婢曰："此客必能作贼也。"此婢能知人，而崇乃令执事厕中，殆是无所知也。

294 改变。亦有羞愧意。

贼盗

盗不劫幸秀才酒

295 宋仁宗年号。
296 yǐ，使船靠岸。
297 蕲州、黄州二地。
298 欺骗。
299 chóu，同辈，同伴。

幸思顺，金陵老儒也。皇祐[295]中，沽酒江州，人无贤愚，皆喜之。时劫江贼方炽，有一官人舣[296]舟酒垆下，偶与思顺往来相善，思顺以酒十壶饷之。已而被劫于蕲、黄[297]间，群盗饮此酒，惊曰："此幸秀才酒邪？"官人识其意，即绐[298]曰："仆与幸秀才亲旧。"贼相顾叹曰："吾俦[299]何为劫幸老所亲哉！"敛所劫还之，且戒曰："见幸慎勿言。"思顺年七十二，日行二百里，盛夏曝日中不渴，盖尝啖物而不饮水云。

梁上君子

300 串钱用绳。代指钱。

近日颇多贼，两夜皆来入吾室。吾近护魏王葬，得数千缗[300]，略已散去，此梁上君子当是不知耳。

夷狄

曹玮语王鬷[301]元昊为中国患

天圣[302]中，曹玮以节镇定州。王鬷为三司副使，疏决河北囚徒，至定州。玮谓鬷曰："君相甚贵，当为枢密使。然吾昔为秦州，闻德明岁使人以羊马货易于边，课所获多少为赏罚，时将以此杀人。其子元昊年十三，谏曰：'吾本以羊马为国，今反以资中原，所得皆茶彩轻浮之物，适足以骄惰吾民，今又欲以此戮人。茶彩日增，羊马日减，吾国其削乎！'乃止不戮。吾闻而异之，使人图其形，信奇伟。若德明死，此子必为中国患，其当君之为枢密时乎？盍自今学兵讲边事？"鬷虽受教，盖亦未必信也。其后鬷与张观、陈执中在枢府，元昊反，杨义上书论土兵事，上问三人，皆不知；遂皆罢之。鬷之孙为子由壻[303]，故知之。

301 鬷，古通"总"；又，古代的一种锅。

302 宋仁宗赵祯年号，共10年。

303 同"婿"。

高丽

昨日见泗倅[304]陈敦固道言："胡孙作人状，折旋俯仰中度，细观之，其相侮慢也甚矣。人言弄胡孙[305]，不知为胡孙所弄！"其言颇有理，故为记之。又见淮东提举黄实言："见奉使高丽人言：所致赠作有假金银锭，夷人皆坼[306]坏，使露胎素，使者甚不乐。夷云：非敢慢也，恐北虏有觇[307]者以为真尔。"由此观之，高丽所得吾赐物，北虏皆分之矣。而或者不察，谓北虏不知高丽朝我，或以为异时可使牵制北虏，岂不误哉！今日又见三佛齐[308]朝贡者过泗州，官吏妓乐，纷然郊外，而椎髻[309]兽面[310]，睢盱[311]船中。遂记胡孙弄人语良有理，故并记之。

304 倅，副职官员。

305 猢狲。意为耍猴。

306 chè，裂开。

307 偷看。

308 古国名，在今东南亚马来西亚岛。

309 椎结，古汉人发式。

310 面部一妆为兽样。又说面有刺青。

311 睢盱，睁眼仰视，喜悦。

高丽公案[312]

元祐[313]五年二月十七日，见王伯虎炳之言："昔为枢密院礼房检详文字，见高丽公案。始因张诚一使契丹，于虏帐中见高丽人，私语本国主向慕中国之意，归而奏之，先帝始有招徕

312 公文，案卷。

313 宋哲宗赵煦第一个年号。共8年。

之意。枢密使吕公弼因而迎合，亲书劄[314]子乞招致，遂命发运使崔极遣商人招之。”天下知非[315]极，而不知罪公弼。如诚一，盖不足道也。

314 同“札”；札子为政府文书一种。

315 非议。

卷四

古迹　玉石　井河　卜居　亭堂　人物

古迹

铁墓厄台

余旧过陈州，留七十余日，近城可游观者无不至。柳湖旁有邱，俗谓之“铁墓”，云陈胡公墓也，城濠水注啮其址，见有铁锢之。又有寺曰“厄台”，云孔子厄[316]于陈、蔡所居者，其说荒唐，在不可信。或曰东汉陈愍[317]王宠“散弩台”，以控黄巾者，此说为近之。

316 厄，受困。

317 愍，同“悯”。陈愍王名刘宠。

黄州隋永安郡

昨日读《隋书·地理志》，黄州乃永安郡。今黄州东十五里许有永安城，而俗谓之“女王城”，其说甚鄙野。而《图经》以为春申君[318]故城，亦非是。春申君所都，乃故吴国，今无锡惠山上有春申庙，庶几是乎？

318 春申君，战国楚人黄歇封号；战国四公子之一。

汉讲堂

汉时讲堂今犹在，画固俨然。丹青之古，无复前比。

记樊山

自余所居临皋亭下，乱流而西，泊于樊山，为樊口，或曰“燔[319]山”，岁旱燔之，起龙致雨；或曰樊氏居之，不知孰是。其上为卢洲，孙仲谋[320]泛江遇大风，柂师请所之，仲谋欲往卢洲，其仆谷利以刀拟柂师，使泊樊口。遂自樊口凿山通路归武昌，今犹谓之“吴王岘[321]”。有洞穴，土紫色，可以磨镜。循山而南至寒溪寺，上有曲山，山顶即位坛、九曲亭，皆孙氏遗迹。西山寺泉水白而甘，名菩萨泉；泉所出石，如人垂手也。山下有陶母庙。陶公[322]治武昌，既病登舟，而死于樊口。寻绎[323]故迹，使人凄然。仲谋猎于樊口，得一豹，见老母曰：“何不逮其尾？”忽然不见。今山中有圣母庙，予十五年前过之，见彼板仿佛有“得一豹”三字，今亡矣。

319 燔，fán，焚烧，烤。

320 三国时吴主孙权，字仲谋。

321 岘，xiàn，小山。

322 陶侃，东晋名臣，任武昌太守。

323 寻绎，xúnyì，推求，追思。

宋　苏轼　前赤壁赋卷（局部）

赤壁賦

壬戌之秋七月既望蘇子与

客汎舟游于赤壁之下清風

徐来水波不興

誦明月之詩

右繫文待詔補三十六字

舉酒屬客

誦歌窈窕之章

少焉月出於東山之上裴回

於斗牛之間白露横江水

光接天縱一葦之所如凌

赤壁洞穴

黄州守居之数百步为赤壁，或言即周瑜破曹公处，不知果是否？断崖壁立，江水深碧，二鹘巢其上，有二蛇，或见之。遇风浪静，辄乘小舟至其下，舍舟登岸，入徐公洞。非有洞穴也，但山崦深邃耳。《图经》云是徐邈，不知何时人，非魏之徐邈也。岸多细石，往往有温莹如玉者，深浅红黄之色，或细纹如人手指螺纹也。既数游，得二百七十枚，大者如枣栗[324]，小者如芡[325]实，又得一古铜盆盛之，注水粲然。有一枚如虎豹首，有口鼻眼处，以为群石之长。

324 枣栗，枣子与栗子。

325 多年生草本植物。生水中，也叫鸡头。

玉石

辨真玉

今世真玉甚少，虽金铁不可近，须沙碾而后成者，世以为真玉矣，然犹未也，特珉之精者。真玉须定州磁[326]芒[327]所不能伤者，乃是云。问后苑老玉工，亦莫知其信否。

326 同"瓷"。

327 锋芒。尖利处。

红丝石

唐彦猷[328]以青州红丝石为甲。或云："惟堪作骰盆[329]，盖亦不见佳者。"今观雪菴[330]所藏，乃知前人不妄许尔。

328 唐询，苏轼友。

329 掷色子之盘。骰，音"投"。

330 僧人，法号从瑾；苏轼友。

井河

筒井用水韛[331]法

蜀去海远，取盐于井。陵州井最古，淯井[332]、富顺盐亦久矣，惟邛州蒲江县井，乃祥符中民王鸾所开，利入至厚。自庆历、皇祐以来，蜀始创"筒井"，用圜刃凿如碗大，深者数十丈，以巨竹去节，牝牡[333]相衔为井，以隔横入淡水，则醎[334]泉自上。又以竹之差小者出入井中为桶，无底而窍其上，悬熟皮数寸，出入水中，气自呼吸而启闭之，一筒致水数斗。凡筒井皆用机械，利之所在，人无不知。《后汉书》有"水韛"，此法惟蜀中铁冶用之，大略似盐井取水筒。太子贤[335]不识，妄以意解，非也。

331 韛，bèi，古代的鼓风吹火器。

332 淯井，yùjǐng，盐泉井名，亦名雌雄水；在今四川长宁。

333 牝牡，pìnmǔ，阴阳，公母；此言两部件相交，如螺栓螺母。

334 醎，古同"鹹"，即今之"咸"。

335 李贤，唐朝高宗皇帝子，称章怀太子。

汴河斗门[336]

数年前朝廷作汴河斗门以淤田，识者皆以为不可，竟为之，然卒亦无功。方樊山[337]水盛时放斗门，则河田坟墓庐舍皆被害，及秋深水退而放，则淤不能厚，谓之“蒸饼淤”，朝廷亦厌之而罢。偶读白居易《甲乙判》，有云：“得转运使以汴河水浅不通运，请筑塞两河斗门，节度使以当管营田悉在河次[338]，在斗门筑塞，无以供军。”乃知唐时汴河两岸皆有营田斗门，若运水不乏，即可沃灌。古有之而今不能，何也？当更问知者。

336 河上水闸。

337 樊山多指今湖北樊山。或谓此处当为今河南阳城附近之樊山。

338 次，地方，处所。

卜居

太行卜居[339]

柳仲举[340]自共城[341]来，抟[342]大官米作饭食我，且言百泉之奇胜，劝我卜邻[343]。此心飘然已在太行之麓矣！元祐三年九月七日，东坡居士书。

339 卜居，以占卜选择居处。

340 苏轼友。

341 河南辉县。

342 抟，tuán，捏成团。

343 占卜以选择邻居而居某地。

范蜀公[344]呼我卜邻

344 范镇，北宋名臣。

345 许昌城。

346 篛，同“箬”，竹皮。

范蜀公呼我卜邻许下[345]，许下多公卿，而我蓑衣篛[346]笠，放荡于东坡之上，岂复能事公卿哉？居人久放浪，不觉有病，或然持养，百病皆作。如州县久不治，因循苟简，亦曰无事，忽遇能吏，百弊纷然，非数月不能清净也。要且坚忍不退，所谓一劳永逸也。

合江楼下戏

347 留恋不舍。

合江楼下，秋碧浮空，光摇几席之上，而有茅店庐屋七八间，横斜砌下。今岁大水再至，居人散避不暇。岂无寸土可迁，而乃眷眷[347]不去，常为人眼中沙乎？

名西阁

348 县名，在江苏淮安。

349 蔡承禧，字景繁，苏轼友。

350 蔡谟，东晋重臣。蔡廓，蔡谟曾孙，东晋大臣。

元丰七年冬至，过山阳[348]，登西阁，时景繁[349]出巡未归。轼方乞归常州，得请，春中方当复过此。故有阁欲名，思之未有佳者。蔡谟[350]、

宋 何荃 草堂客话图 北京故宫博物馆藏

元　佚名　太行雪霁图　台北“故宫博物院”藏

廓，名父子也，晋、宋间第一流，辄以仰[351]公家，不知可否？

351 仰，仰慕，向上相比。一说为“拟”。

亭堂

临皋闲题

临皋亭下八十数步，便是大江，其半是峨嵋雪水，吾饮食沐浴皆取焉，何必归乡哉！江山风月，本无常主，闲者便是主人。闻范子丰[352]新第[353]园池，与此孰胜？所以不如君子，上无两税[354]及助役钱[355]尔。

352 范百嘉，字子丰；范蜀公之子，苏轼友。

353 第，宅第；此处为建造庭园。

354 两税法，唐宋时税法。

355 出钱助役，指王安石变法推出之新法，免役法。

名容安亭

陶靖节云：“倚南窗以寄傲，审容膝之易安。”[356]故常欲作小轩，以容安名之。

356 语出《归去来兮辞》。

陈氏草堂

慈湖陈氏草堂，瀑流出两山间，落于堂后，如悬布崩雪，如风中絮，如群鹤舞。参寥子问主人乞此地养老，主人许之。东坡居士投名[357]作供养主，龙邱子欲作库头[358]。参寥不纳，云：“待汝一口吸尽此水[359]，令汝作。”

357 纳投名状加入。此处意为报名。

358 库房主管。

359 语或出禅宗著名语录。

雪堂问潘邠老[360]

苏子得废园于东坡之胁，筑而垣之，作堂焉，号其正曰“雪堂”。堂以大雪中为，因绘雪于四壁之间，无容隙也。起居偃仰，环顾睥睨[361]，无非雪者，苏子居之，真得其所居者也。苏子隐几而昼瞑，栩栩然若有所适，而方兴也，未觉，为物触而寤。其适未厌也，若有失焉，以掌抵目，以足就履，曳于堂下。

客有至而问者，曰：“子世之散人耶？拘人耶？散人也而未能，拘人也而嗜欲深。今似系马止也，有得乎？而有失乎？”苏子心若省而口未尝言，徐思其应，揖而进之堂上。

360 潘大临，黄州人，苏轼友。

361 睥睨，pì nì，斜眼看，骄傲状。

客曰："嘻，是矣！子之欲为散人而未得者也。予今告子以散人之道：夫禹之行水，庖丁之提刀，避众碍而散其智者也。是故以至柔驰至刚，故石有时以泐；以至刚遇至柔，故未尝见全牛也。予能散也，物固不能缚；不能散也，物固不能释。子有惠矣，用之于内可也，今也如猬之在囊，而时动其脊胁，见于外者不特一毛二毛而已。风不可抟，影不可捕，童子知之。名之于人，犹风之与影也，子独留之。故愚者视而惊，智者起而轧。吾固怪子为今日之晚也，子之遇我，幸矣！吾今邀子为藩外[362]之游，可乎？"

苏子曰："予之于此，自以为藩外久矣，子又将安之乎？"客曰："甚矣，子之难晓也！夫势利不足以为藩也，名誉不足以为藩也，阴阳不足以为藩也，人道不足以为藩也，所以藩子者，特智也尔。智存诸内，发而为言，则言有谓也，形而为行，则行有谓也。使子欲嘿[363]不欲嘿，欲息不欲息，如醉者之恚言，如狂者之妄行，虽掩其口，执其臂，犹且喑呜跼蹙[364]之不已。则藩之于人，抑又固矣。人之为患以有身，身之为患以有心。是圃之构堂，将以佚

362 同"藩外"；藩篱之外，尘世之外。

363 嘿，同"默"。

364 喑呜，悲咽无声；跼蹙，júcù，徘徊不前，亦作"踢蹴"。

子之身也，是堂之绘雪，将以佚子之心也。身待堂而安，则形固不能释，心以雪而警，则神固不能凝。子之知既焚而烬矣，烬又复然，则是堂之作也，非徒无益，而又重子蔽蒙也。子见雪之白乎？则恍然而目眩。子见雪之寒乎？则竦然而毛起。五官之为害，惟目为甚，故圣人不为。雪乎雪乎，吾见子知为目也，子其殆矣！”

客又举杖而指诸壁，曰：“此凹也，此凸也。方雪之杂下也，均矣，厉风过焉，则凹者留而凸者散。天岂私于凹凸哉？势使然也。势之所在，天且不能违，而况于人乎！子之居此，虽远人也，而圃有是堂，堂有是名，实碍人耳，不犹雪之在凹者乎？”

苏子曰：“予之所为，适然而已，岂有心哉？殆也，奈何？”

客曰：“子之适然也？适有雨，则将绘以雨乎？适有风，则将绘以风乎？雨不可绘也，观云气之汹涌，则使子有怒心；风不可绘也，见草木之披靡，则使子有惧意。睹是雪也，子之内亦不能无动矣。苟有动焉，丹青之有靡丽，水雪之有水石，一也。德有心，心有眼，物之所袭，岂有异哉！”

苏子曰："子之所言是也，敢不闻命？然未尽也，予不能默，此正如与人讼者，其理虽已屈，犹未能绝辞者也。子以为登春台与入雪堂，有以异乎？以雪观春，则雪为静，以台观堂，则堂为静。静则得，动则失。黄帝，古之神也，游乎赤水之北，登乎昆仑之邱，南望而还，遗其玄珠焉。游以适意也，望以寓情也；意适于游，情寓于望，则意畅情出而忘其本矣，虽有良贵[365]，岂得而宝哉？是以不免有遗珠之失也。虽然，意不久留，情不再至，必复其初而已矣，是又惊其遗而索之也。余之此堂，追其远者近之，收其近者内之，求之眉睫之间，是有八荒之趣。人而有知也，升是堂者，将见其不[366]而僾[367]，不寒而栗，凄凛其肌肤，洗涤其烦郁，既无炙手之讥，又免饮冰之疾。彼其趦趄利害之途，猖狂忧患之域者，何异探汤执热之俟濯乎？子之所言者，上也；余之所言者，下也。我将能为子之所为，而子不能为我之为矣。譬之厌膏粱者与之糟糠，则必有忿词；衣文绣者被之以皮弁[368]，则必有愧色。子之于道，膏粱文绣[369]之谓也，得其上者耳。我以子为师，子以我为资，犹人之于衣食，缺一不可。将其与

365 良贵，最可贵。《孟子·告子上》："人之所贵者，非良贵也。"

366 遡，sù，同"溯"，逆流而上。

367 僾，ài，依稀，模糊。

368 皮弁，白鹿皮做在之官帽，武将用。

369 文绣，亦称"纹绣"，刺绣；此指精美衣物。

子游，今日之事姑置之以待后论，予且为子作歌以道之。”

歌曰：

雪堂之前后兮春草齐，雪堂之左右兮斜径微。雪堂之上兮有硕人之颀颀，考槃于此兮芒鞋而葛衣。挹清泉兮，抱瓮而忘其机；负顷筐兮，行歌而采薇。吾不知五十九年之非而今日之是，又不知五十九年之是而今日之非，吾不知天地之大也寒暑之变，悟昔日之癯[370]而今日之肥。感子之言兮，始也抑吾之纵而鞭吾之口，终也释吾之缚而脱吾之鞿[371]。是堂之作也，吾非取雪之势，而取雪之意；吾非逃世之事，而逃世之机。吾不知雪之为可观赏，吾不知世之为可依违。性之便，意之适，不在于他，在于群息已动，大明既升，吾方辗转一观晓隙之尘飞。子不弃兮，我其子归！

客忻然而笑，唯然[372]而出，苏子随之。客顾而颔之曰：“有若人哉[373]！”

370 癯，清瘦。

371 鞿，jī，马嚼子，马笼头。喻牵制束缚。

372 唯然，轻应着。唯，轻声应答。

373 竟有这样的人啊！

人物

尧舜之事

夫学者载籍极博，犹考信于六艺。《诗》《书》虽阙，然虞、夏之文可知也。尧将逊位，让于虞舜，舜、禹之间，岳牧[374]咸荐，乃试之于位，典职数十年，功用既兴，然后授政。示天下重器，王者大统，传天下若斯之难也。而说者曰尧让天下于许由，由不受，耻之，逃隐。及夏之时，有卞随、务光者。此何以称焉？东坡先生曰：士有以箪食豆羹见于色者[375]。自吾观之，亦不信也。

374 岳，高山；牧，治理。岳牧，此指诸侯。

375 语出《孟子·尽心上》。

论汉高祖羹颉侯[376]事

高祖微时，尝避事，时时与宾客过其丘嫂食。嫂厌叔与客来，阳为羹尽轑[377]釜，客以故去。已而视其釜中有羹，由是怨嫂。及立齐、代王，而伯子独不侯。太上皇以为言，高祖曰：“非敢忘之也，为其母不长者。”封其子信为

376 羹颉侯，刘信封号。其父为汉高祖刘邦之兄。

377 轑，láo，用器具刮物，使其有声。

羹颉侯。高祖号为大度不记人过者，然不置轑釜之怨，独不畏太上皇缘此记分杯之语乎？

武帝踞厕[378]见卫青

378 厕，通“侧”，床边。一说即厕所。

汉武帝无道，无足观者，惟踞厕见卫青，不冠不见汲长孺，为可佳耳。若青奴才，雅宜舐痔，踞厕见之，正其宜也。

元帝[379]诏与论语孝经小异

379 汉元帝刘奭。

楚孝王嚣疾，成帝诏云：“夫子所痛，蔑之，命矣夫。”东平王不得于太后，元帝诏曰：“诸侯在位不骄，然后富贵离其身，而社稷可保。”皆与今《论语》《孝经》小异。离，附离也，今作“不离于身”，疑为俗儒所增也。

跋李主[380]词

“三十余年家国，数千里地山河，几曾惯干戈？一旦归为臣虏，沈腰潘鬓[381]消磨。最是仓惶辞庙日，教坊犹奏别离歌，挥泪对宫娥。”后主既为樊若水[382]所卖，举国与人，故当恸哭于九庙之外，谢其民而后行，顾乃挥泪宫娥，听教坊离曲！

380 李后主李煜。

381 沈，沈约；潘，潘安；二人皆著名文人。

382 南唐奸臣，助宋灭其国。

真宗仁宗之信任

真宗时，或荐梅询可用者，上曰：“李沆[383]尝言其非君子。”时沆之没，盖二十余年矣。欧阳文忠公尝问苏子容曰：“宰相没二十年，能使人主追信其言，以何道？”子容言：“独以无心，故尔。”轼因赞其语，且言：“陈执中俗吏耳，特以至公犹能取信主上，况如李公之才识，而济之无心耶！”时元祐三年兴龙节[384]，赐宴尚书省，论此。是日，又见王巩云其父仲仪言：“陈执中罢相，仁宗问：‘谁可代卿者？’执中举吴育，上即召赴阙。会乾元节侍宴，偶醉坐睡，忽惊顾拊床呼其从者。上愕然，即

383 李沆，字太初，北宋重臣。

384 宋时节日，为皇帝祝寿。

385 任命官职。

386 官名，留守司御史台略称。

除[385]西京留台[386]。"以此观之，执中虽俗吏，亦可贤也。育之不相，命矣夫！然晚节有心疾，亦难大用，仁宗非弃材之主也。

孔子诛少正卯

孔子为鲁司寇七日而诛少正卯，或以为太速。此叟盖自知其头方命薄，必不久在相位，故汲汲及其未去发之。使更迟疑两三日，已为少正卯所图矣。

戏书颜回事

387 鲁国大盗，名叫跖；又名柳下跖。

颜回箪食瓢饮，其为造物者费亦省矣，然且不免于夭折。使回更吃得两箪食半瓢饮，当更不活得二十九岁。然造物者辄支盗跖[387]两日禄料，足为回七十年粮矣，但恐回不要耳。

辨荀卿[388]言青出于蓝

荀卿云："青出于蓝而青于蓝，冰生于水而寒于水。"世之言弟子胜师者，辄以此为口实，此无异梦中语！青即蓝也，冰即水也。酿米为酒，杀羊豕以为膳羞，曰"酒甘于米，膳羞美于羊"，虽儿童必笑之，而荀卿以是为辨，信其醉梦颠倒之言！以至论人之性，皆此类也。

388 荀子。

颜蠋[389]巧于安贫

颜蠋与齐王游，食必太牢[390]，出必乘车，妻子衣服丽都。蠋辞去，曰："玉生于山，制则破焉，非不宝贵也，然而太璞不完。士生于鄙野，推选则禄焉，非不尊遂[391]也，然而形神不全。蠋愿得归，晚食以当肉，安步以当车，无罪以当贵，清静贞正以自娱。"嗟乎，战国之士未有如鲁连[392]、颜蠋之贤者也，然而未闻道也。晚食以当肉，安步以当车，是犹有意于肉于车也。晚食自美，安步自适，取其美与适足矣，何以当肉与车为哉！虽然，蠋可谓巧于

389 蠋，zhú，毛虫。

390 牛猪羊肉祭品。此指美食。

391 成功。

392 鲁仲连，战国时齐国著名义士。

393 八种珍稀美食。语出《周礼》。

居贫者也。未饥而食，虽八珍犹草木也；使草木如八珍[393]，惟晚食为然。蠋固巧矣，然非我之久于贫，不能知蠋之巧也。

张仪欺楚商於地

394《汉书·晁错传》。苏轼曾作《晁错论》。

张仪欺楚王以商於之地六百里，既而曰："臣有奉邑六里。"此与儿戏无异，天下无不疾张子之诈而笑楚王之愚也，夫六百里岂足道哉！而张又非楚之臣，为秦谋耳，何足深过？若后世之臣欺其君者，曰："行吾言，天下举安，四夷毕服，礼乐兴而刑罚措。"其君之所欲得者，非特六百里也，而卒无丝毫之获，岂特无获，所丧已不胜言矣。则其所以事君者，乃不如张仪之事楚。因读《晁错传》[394]，书此。

赵尧设计代周昌[395]

方与公[396]谓周昌之吏赵尧年虽少，奇士，“君必异之，且代君”。昌笑曰：“尧，刀笔吏尔，何至是！”居顷之，尧说高祖为赵王置贵强相，独周昌为可。高祖用其策，尧竟代昌为御史大夫。吕后杀赵王，昌亦无能为，特谢病不朝尔。由此观之，尧特为此计代昌尔，安能为高祖谋哉！吕后怨尧为此计，亦抵尧罪。尧非特不能为高祖谋，其自为谋亦不善矣；昌谓之刀笔吏，岂诬也哉！

395 周昌，西汉初重臣，为汉赵王相。赵尧，原为周昌手下小吏。

396 方与，县名；公，称谓。文中事见《史记》。

黄霸[397]以鹖[398]为神爵[399]

吾先君友人史经臣彦辅，豪伟人也，尝言：“黄霸本尚教化，庶几于富，而教之者乃复用乌攫小数，陋哉！颍川凤皇，盖可疑也，霸以鹖为神爵，不知颍川之凤以何物为之？”虽近于戏，亦有理也。

397 西汉初年名臣，字次公。

398 鹖，hé，一种鸟，像雉而善斗。

399 爵，古同“雀”。

王嘉轻减法律事见《梁统传》[400]

400《后汉书·梁统列传》

401 东汉京城洛阳。

402 西汉四帝，高祖，惠帝，文帝，景帝。

汉仍秦法，至重。高、惠固非虐主，然习所见以为常，不知其重也，至孝文始罢肉刑与参夷之诛。景帝复孥戮晁错，武帝罪戾有增无损，宣帝治尚严，因武之旧。至王嘉为相，始轻减法律，遂至东京[401]，因而不改。班固不记其事，事见《梁统传》，固可谓疏略矣。嘉，贤相也，轻刑，又其盛德之事，可不记乎？统乃言高、惠、文、景[402]以重法兴，哀、平以轻法衰，因上书乞增重法律，赖当时不从其议。此如人年少时不节酒色而安，老后虽节而病，见此便谓酒可以延年，可乎？统亦东京名臣，一出此言，遂获罪于天，其子松、竦皆以非命而死，冀卒灭族。呜呼悲夫！戒哉！“疏而不漏”，可不惧乎？

李邦直[403]言周瑜

403 李清臣，字邦直；宋朝重臣。

李邦直言：周瑜二十四经略中原，今吾四十，但多睡善饭，贤愚相远。如叔安上言吾子以快活，未知孰贤与否？

勃[404]逊之

与朱勃逊之会议于颍，或言洛人善接花，岁出新枝，而菊品尤多。逊之曰："菊当以黄为正，余可鄙也。"昔叔向[405]闻鬷蔑[406]一言，得其为人，予于逊之亦云然。

404 朱勃，字逊之，宋人。

405 叔向，春秋时晋国大夫。

406 鬷蔑，春秋时郑国大夫。此处用《左传》事，谓叔向以一言而知鬷明其人，称"一言而善"。

刘聪吴中高士[407]二事

刘聪闻当为须遮国[408]王，则不复惧死，人之爱富贵，有甚于生者。月犯少微[409]，吴中高士求死不得；人之好名，有甚于生者。

407 吴中高士：语出《续晋阳秋》，言隐士谢敷与名士戴逵事。

408 语出《晋书》，作"遮须夷国"。

409 少微星座，共四星组成。古人又谓少微为"处士星"，象征隐士。

郄[410]超出与桓温密谋书以解父

郄超虽为桓温腹心，以其父愔忠于王室，不知之。将死，出一箱付门生，曰："本欲焚之，恐公年尊，必以相伤为毙。我死后，公若大损眠食，可呈此箱；不尔便烧之。"愔后果哀悼

410 郄，xì，姓氏。

成疾，门生以指呈之，则悉与温往反密计。愔大怒，曰："小子死晚矣！"更不复哭矣。若方回者，可谓忠臣矣，当与石碏[411]比。然超谓之不孝，可乎？使超知君子之孝，则不从温矣。东坡先生曰：超，小人之孝也。

411 碏，què，石杂之色。石碏，春秋时卫国大夫，杀其子，以"大义灭亲"著名。

论桓范陈宫

司马懿讨曹爽，桓范往奔之。懿谓蒋济曰："智囊往矣！"济曰："范则智矣，驽马恋栈豆，必不能用也。"范说爽移车驾幸许昌，招外兵，爽不从。范曰："所忧在兵食，而大司农印在吾许。"爽不能用。陈宫、吕布既擒，曹操谓宫曰："公台[412]平生自谓智有余，今日何如？"宫曰："此子不用宫言，不然，未可知也！"仆尝论此二人：吕布、曹爽何人也，而为之用？尚何言知！臧武仲[413]曰："抑君似鼠，此之谓智。"元祐三年九月十八日书。

412 陈宫，字公台。

413 春秋时鲁国大夫。此语谓武仲比齐侯为老鼠，出《左传·襄公二十三年》。

录温峤[414]问郭文[415]语

温峤问郭文曰："人皆有六亲相容，先生弃之，何乐？"文曰："本行学道，不谓遭世乱，欲归无路耳。"又曰："饥思食，壮思室，自然之理，先生独无情乎？"曰："情由忆生，不忆故无情。"又问："先生独处穷山，死为乌鸢所食，奈何？"曰："埋藏者食于蝼蚁，复何异？"又问："猛虎害人，先生独不畏耶？"曰："人无害兽心，则兽亦不害人。"又问："世不宁则身不安，先生不出济世乎？"曰："非野人之所知也。"予尝监钱塘郡，游余杭九镇山，访大涤洞天，即郭生之旧隐。洞大，有巨壑，深不可测，盖尝有敕使投龙简[416]云。戊寅九月七日书。

414 温峤，字泰真，东晋大将。

415 郭文，字文举，东晋隐士。

416 龙简，皇帝手书文书。

刘伯伦[417]

刘伯伦常以锸[418]自随，曰："死即埋我。"苏子曰：伯伦非达者也，棺椁衣衾，不害为达。苟为不然，死则已矣，何必更埋！

417 刘伶，魏晋名士，竹林七贤之一。

418 锸，chā，铁锹。

房琯[419]陈涛斜[420]事

房次律败于陈涛斜，杀四万人，悲哉！世之言兵者，或取《通典》；《通典》虽杜佑所集，然其源出于刘秩。陈涛之败，秩有力焉。次律云：“热洛河[421]虽多，安能当我刘秩！”挟区区之辨以待热洛河，想上疏矣。

419 房琯，字次律，唐朝名臣。

420 陈涛斜，地名，今陕西咸阳东；或谓因其为沼泽，当名陈陶泽；安史之乱中的著名战场。

421 热洛河，胡语音译，战士。

张华[422]《鷦鷯[423]赋》

阮籍见张华《鷦鷯赋》，叹曰：“此王佐[424]才也！”观其意，独欲自全于祸福之间耳，何足为王佐乎？华不从刘卞言，竟与贾氏之祸，畏八王之难，而不免伦、秀之虐。此正求全之过，失《鷦鷯》之本意。

422 张华，字茂先，西晋名臣文士；死于八王之乱。

423 鷦鷯，一种小鸟。《庄子·逍遥游》：“鷦鷯巢于深林，不过一枝。”

424 辅佐帝王。

晉人好沉酣人事不復理但進杯
中物應世聊爾耳悠悠天地間婾
樂本無愧諸賢各有心後世毋
輕議
錢選舜舉

元　钱选　宋七贤图

王济王恺[425]

王济以人乳蒸豚，王恺使妓吹笛，小失声韵便杀之；使美人行酒，客饮不尽，亦杀之。时武帝在也，而贵戚敢如此，知晋室之乱也久矣。

425 二人为西晋重臣，皆尚奢侈。

王夷甫[426]

王夷甫既降石勒[427]，自解无罪，且劝僭[428]号。其女惠风为愍怀太子妃，刘曜陷洛，以惠风赐其将乔属。将妻之，惠风杖剑大骂而死。乃知王夷甫之死，非独惭见晋公卿，乃当羞见其女也。

426 王衍，字夷甫，西晋贵族。为石勒伏虏，后为其所杀。

427 石勒，西晋乱时羯族人，创立后赵国。

428 僭，jiàn，超越身份，冒用在上者的职权、名义行事。

卫瓘[429]欲废晋惠帝

晋惠帝为太子，卫瓘欲陈启[430]废立之策而未敢发。会燕[431]凌云台，瓘托醉跪帝前，曰："臣欲有所启。"欲言之而止者三，因拊床曰："此

429 卫瓘，字伯玉，河东郡人。三国曹魏后期至西晋初年重臣，大书法家。

430 启，启奏，禀告。

431 即"会宴"。

坐可惜！”帝意乃悟，曰：“公真大醉。”贾后[432]由是怨之。此何等语，乃于众中言之，岂所谓“不密失身”者耶？以瓘之智，不宜暗[433]此；殆邓艾之冤[434]，天夺其魄尔。

432 贾南风，晋惠帝司马衷皇后。

433 不明白。

434 卫瓘在蜀国平定后捕杀邓艾，此前亦杀钟会。邓、钟二人为灭蜀功臣，故此言邓之冤魂。

裴頠[435]对武帝

晋武帝探策[436]，岂亦如签也耶？惠帝不肖，得一[437]，盖神以实告。裴頠谄对，士君子耻之，而史以为美谈，鄙哉！惠、怀、愍[438]皆不终，牛系马后[439]，岂及亡乎！

435 頠，wěi，安静。裴頠，字逸民；西晋大臣，名士。

436 求签问卜。

437 得一，指晋武帝求签得到个“一”，预示晋朝只得一世，到惠帝就会亡国。

438 晋朝三个皇帝，惠帝遭毒杀，怀帝、愍帝为匈奴所杀，皆不得善终。

439 指东晋代替西晋，皇室异族；马为司马，牛为东晋开国之帝司马睿，他是牛氏，实非司马家后代。

刘凝之[440]沈麟士[441]

《南史》：刘凝之为人认所着履，即与之，此人后得所失履，送还，不肯复取。又沈麟士亦为邻人认所着履，麟士笑曰：“是卿履耶？”即与之。邻人得所失履，送还，麟士曰：“非卿履耶？”笑而受之。此虽小事，然处事当如麟士，不当如凝之也。

440 南朝宋隐士。

441 南朝齐著名学者。

柳宗元敢为诞妄[442]

柳宗元敢为诞妄，居之不疑。吕温[443]为道州、衡州，及死，二州之人哭之逾月，客舟之过于此者，必呱呱[444]然。虽子产不至此，温何以得之！其称温之弟恭亦贤豪绝人者，又云恭之妻裴延龄[445]之女也。孰有士君子肯为裴延龄壻[446]者乎？柳宗元与伾[447]、叔[448]交，盖亦不差于延龄姻也。恭为延龄壻不见于史，宜表而出之，见宗元文集恭墓志云。

442 荒诞虚妄，荒谬不实。

443 唐朝名臣。

444 呱呱，gūgū，小儿哭声或悲泣声。

445 唐朝德宗时为宰相，官声甚劣。

446 同“婿”，女婿。

447 伾，pī，人多，有力。

448 王叔文、王伾均为唐朝名臣，亦与柳宗元等为政治变革的战友。

卷五

论古

论古

武王非圣人

武王克殷，以殷遗民封纣子武庚禄父，使其弟管叔鲜、蔡叔度相禄父治殷。武王崩，禄父与管、蔡作乱，成王命周公诛之，而立微子于宋。

苏子曰：武王非圣人也。昔孔子盖罪汤、武，顾自以为殷之子孙而周人也，故不敢，然数致意焉，曰：大哉！巍巍乎尧、舜也！“禹，吾无间然。”[449] 其不足于汤、武也亦明矣，曰：“武尽美矣，未尽善也。”又曰：“三分天下有其二，以服事殷，周之德，其可谓至德也已矣。”伯夷、叔齐之于武王也，盖谓之弑君，至耻之不食其粟，而孔子予之，其罪武王也甚矣。此孔氏之家法也，世之君子苟自孔氏，必守此法。国之存亡，民之死生，将于是乎在，其孰敢不严？而孟轲始乱之，曰：“吾闻武王诛独夫纣，未闻弑君也。”自是学者以汤、武为圣人之正若当然者，皆孔氏之罪人也。使当

449 无间然：无可挑剔；语出《论语·泰伯》。

450 迪哲，行明智之道。

时有良史如董狐者，南巢之事必以叛书，牧野之事必以弑书。而汤、武仁人也，必将为法受恶。周公作《无逸》曰："殷王中宗，及高宗，及祖甲，及我周文王，兹四人迪哲[450]。"上不及汤，下不及武王，亦以是哉？文王之时，诸侯不求而自至，是以受命称王，行天子之事，周之王不王，不计纣之存亡也。使文王在，必不伐纣，纣不见伐而以考终，或死于乱，殷人立君以事周，命为二王后以祀殷，君臣之道，岂不两全也哉！武王观兵于孟津而归，纣若改过，否则殷人改立君，武王之待殷亦若是而已矣。天下无王，有圣人者出而天下归之，圣人所以不得辞也。而以兵取之，而放之，而杀之，可乎？汉末大乱，豪杰并起。荀文若，圣人之徒也，以为非曹操莫与定海内，故起而佐之。所以与操谋者，皆王者之事也，文若岂教操反者哉？以仁义救天下，天下既平，神器自至，将不得已而受之，不至不取也，此文王之道，文若之心也。及操谋九锡，则文若死之，故吾尝以文若为圣人之徒者，以其才似张子房而道似伯夷也。

杀其父，封其子，其子非人也则可，使其

子而果人也，则必死之。楚人将杀令尹子南，子南之子弃疾为王驭士，王泣而告之。既杀子南，其徒曰："行乎？"曰："吾与杀吾父，行将焉入？""然则臣王乎？"曰："弃父事仇，吾弗忍也！"遂缢而死。武王亲以黄钺[451]诛纣，使武庚受封而不叛，岂复人也哉？故武庚之必叛，不待智者而后知也。武王之封，盖亦有不得已焉耳。殷有天下六百年，贤圣之君六七作，纣虽无道，其故家遗民未尽灭也。三分天下有其二，殷不伐周，而周伐之，诛其君，夷其社稷，诸侯必有不悦者，故封武庚以慰之，此岂武之意哉？故曰：武王非圣人也。

451 钺，yuè，古时一种兵器，形似大斧；亦用作仪仗之器。

周东迁失计

太史公曰："学者皆称周伐纣，居洛邑，其实不然。武王营之，成王使召公卜居九鼎焉，而周复都丰、镐。至犬戎败幽王，周乃东徙于洛。"

苏子曰：周之失计，未有如东迁之缪[452]者也。自平王至于亡，非有大无道者也。髭王之

452 错误。

453 粥，yù，古同“鬻”，卖。

454 周幽王，周厉王，皆为昏君。

455 同“临淄”，今山东淄博。

456 蔿，wěi，一种草。

神圣，诸侯服享，然终以不振，则东迁之过也。昔武王克商，迁九鼎于洛邑，成王、周公复增营之，周公既没，盖君陈、毕公更居焉，以重王室而已，非有意于迁也。周公欲葬成周，而成王葬之毕，此岂有意于迁哉？

今夫富民之家，所以遗其子孙者，田宅而已。不幸而有败，至于乞假以生可也，然终不可议田宅。今平王举文、武、成、康之业而大弃之，此一败而粥[453]田宅者也。夏、商之王，皆五六百年，其先王之德无以过周，而后王之败亦不减幽、厉[454]，然至于桀、纣而后亡。其未亡也，天下宗之，不如东周之名存而实亡也。是何也？则不粥田宅之效也。

盘庚之迁也，复殷之旧也。古公迁于岐，方是时，周人如狄人也，逐水草而居，岂所难哉？卫文公东徙渡河，恃齐而存耳。齐迁临菑[455]，晋迁于绛、于新田，皆其盛时，非有所畏也。其余避寇而迁都，未有不亡；虽不即亡，未有能复振者也。春秋时楚大饥，群蛮叛之，申、息之北门不启。楚人谋徙于阪高，蔿[456]贾曰：“不可。我能往，寇亦能往。”于是乎以秦人巴人灭庸，而楚始大。苏峻之乱，晋几亡矣，宗庙宫室尽为灰烬。温峤欲迁都豫章[457]，三吴之豪欲迁会稽，将从之矣，独王导不可，曰："金陵，王者之都也。王者不以丰俭移都，若弘卫文大帛之冠，何适而不可？不然，虽乐土为墟矣。且北寇方强，一旦示弱，窜于蛮越，望实皆丧矣！"乃不果迁，而晋复安。贤哉导也，可谓能定大事矣！嗟夫！平王之初，周虽不如楚强，顾不愈于东晋之微乎？使平王有一王导，定不迁之计，收丰、镐之遗民，修文、武、成、康之政，以形势临东诸侯，齐、晋虽强，未敢贰也，而秦何自霸哉？魏惠王畏秦，迁于大梁；楚昭王畏吴，迁于鄀[458]；顷襄王畏秦，迁于陈；考烈王畏秦，迁于寿春：皆不复振，有亡征焉。东汉之末，董卓劫帝迁于长安，汉遂以亡。近世李景迁于豫章，亦亡。故曰：周之失计，未有如东迁之缪[459]者也。

457 豫章，古行政区划名；西汉时始设郡，郡治南昌县，后世有变更。

458 鄀，ruò，春秋时楚国都城。在今中国湖北省宜城。

459 缪，miù，错误。

秦拙取楚

秦始皇帝十八年，取韩；二十二年，取魏；二十五年，取赵、取楚；二十六年，取燕、取齐，初并天下。

苏子曰：秦并天下，非有道也，特巧耳，非幸也。然吾以为巧于取齐而拙于取楚，其不败于楚者，幸也。乌乎[460]！秦之巧，亦创智伯[461]而已。魏、韩肘足接而智伯死，秦知创智伯而诸侯终不知师韩、魏，秦并天下，不亦宜乎！

齐湣王死，法章立，君王后佐之，秦犹伐齐也。法章死，王建立六年而秦攻赵，齐、楚救之，赵乏食，请粟于齐，而齐不予。秦遂围邯郸，几亡赵。赵虽未亡，而齐之亡形成矣。秦人知之，故不加兵于齐者四十余年。夫以法章之才而秦伐之，建之不才而秦不伐，何也？太史公曰："君王后事秦谨，故不被兵。"夫秦欲并天下耳，岂以谨故置齐也哉！吾故曰"巧于取齐"者，所以慰齐之心而解三晋之交也。齐、秦不两立，秦未尝须臾忘齐也，而四十余年不加兵者，岂其情乎？齐人不悟而与秦合，故秦得以其间取三晋。三晋亡，齐盖岌岌矣。

460 同"呜呼"。

461 战国时晋国权臣，势力最大，为四卿之一；乱后被杀，导致晋分裂为韩、赵、魏三国。

方是时，犹有楚与燕也，三国合，犹足以拒秦。秦大出兵伐楚伐燕而齐不救，故二国亡，而齐亦虏不阅岁，如晋取虞、虢也，可不谓巧乎！二国既灭，齐乃发兵守西界，不通秦使。呜呼，亦晚矣！秦初遣李信以二十万人取楚，不克，乃使王翦以六十万攻之，盖空国而战也。使齐有中主具臣知亡之无日，而扫境以伐秦，以久安之齐而入厌兵空虚之秦，覆秦如反掌也。吾故曰“拙于取楚”。然则奈何？曰：“古之取国者必有数，如取龆[462]齿也必以渐，故齿脱而儿不知。”今秦易楚，以为龆齿也可拔，遂抉[463]其口，一拔而取之，儿必伤，吾指为啮。故秦之不亡者，幸也，非数也。吴为三军迭出以肄[464]楚，三年而入郢。晋之平吴，隋之平陈，皆以是物也。惟苻坚不然，使坚知出此，以百倍之众，为迭出之计，虽韩、白不能支，而况谢玄、牢之[465]之流乎！吾以是知二秦之一律也：始皇幸胜；而坚不幸耳。

462 龆，tiáo，儿童换牙；也指儿童。

463 抉，jué，掰开。

464 肄，劳苦。此指不断骚扰敌师，使其劳苦。

465 刘牢之，字道坚，东晋名将。

秦废封建

466 树屏，建立藩屏，藩篱与屏风遮挡；语出《尚书》。

秦初并天下，丞相绾等言："燕、齐、荆地远，不置王无以镇之，请立诸子。"始皇下其议，群臣皆以为便。廷尉斯曰："周文、武所封子弟同姓甚众，然后属疏远，相攻击如仇仇，诸侯更相诛伐，天子不能禁止。今海内赖陛下神灵，一统皆为郡县，诸子功臣以公赋税重赏赐之，甚足易制。天下无异意，则安宁之术也，置诸侯不便。"始皇曰："天下共苦战斗不休，以有侯王。赖宗庙天下初定，又复立国，是树兵也，求其宁息，岂不难哉！廷尉议是。"分天下为三十六郡，郡置守、尉、监。

苏子曰：圣人不能为时，亦不失时。时非圣人之所能为也，能不失时而已。三代之兴，诸侯无罪，不可夺削，因而君之虽欲罢侯置守，可得乎？此所谓不能为时者也。周衰，诸侯相并，齐、晋、秦、楚皆千余里，其势足以建侯树屏[466]。至于七国皆称王，行天子之事，然终不封诸侯，不立强家世卿者，以鲁三桓、晋六卿、齐田氏为戒也。久矣，世之畏诸侯之祸也，非独李斯、始皇知之。始皇既并天下，分郡邑，置守宰，理固当然，如冬裘夏葛，时之所宜，非人之私智独见也，所谓不失时者，而学士大夫多非之。汉高帝欲立六国后，张子房[467]以为不可，世未有非之者，李斯之论与子房何异？世特以成败为是非耳。高帝闻子房之言，吐哺[468]骂郦生[469]，知诸侯之不可复，明矣。然卒王韩、彭、英、卢，岂独高帝，子房亦与焉。故柳宗元曰："封建非圣人意也，势也。"

昔之论封建者，曹元首[470]、陆机、刘颂，及唐太宗时魏徵、李百药、颜师古，其后有刘秩、杜佑、柳宗元。宗元之论出，而诸子之论废矣；虽圣人复起，不能易也。故吾取其说而附益之，曰：凡有血气必争，争必以利，利莫大于封建。封建者，争之端而乱之始也。自书契以来，臣弑其君，子弑其父，父子兄弟相贼杀，有不出于袭封而争位者乎？自三代圣人以礼乐教化天下，至刑措不用，然终不能已篡弑之祸。至汉以来，君臣父子相贼虐者，皆诸侯王子孙，其余卿大夫不世袭者，盖未尝有也。近世无复封建，则此祸几绝。仁人君子，忍复开之欤？故吾以为李斯、始皇之言，柳宗元之论，当为万世法也。

467 张良，字子房。

468 吐出口中食物。

469 郦生，郦食其，秦末楚汉时期儒生，助刘邦伐秦。

470 曹冏，字元首；三国魏宗亲。

论子胥、种[471]、蠡

471 越国大夫文种。

472 喙，huì，鸟兽的嘴。

473 蜚，fēi，同“飞”。

474 诎，qū，屈服。

475 肆志，纵情快意。

越既灭吴，范蠡以为勾践为人长颈乌喙[472]，可与共患难，不可与共逸乐，乃以其私徒属浮海而行，至于齐。以书遗大夫种曰：“蜚[473]鸟尽，良弓藏，狡兔死，走狗烹。子可以去矣！”

苏子曰：范蠡知相其君而已，以吾相蠡，蠡亦乌喙也。夫好货，天下之贱士也，以蠡之贤，岂聚敛积财者？何至耕于海滨，父子力作，以营千金，屡散而复积，此何为者哉？岂非才有余而道不足，故功成名遂身退，而心终不能自放者乎？使勾践有大度，能始终用蠡，蠡亦非清净无为而老于越者也，故曰“蠡亦乌喙也”。鲁仲连既退秦军，平原君欲封连，以千金为寿。笑曰：“所贵于天下士者，为人排难解纷而无所取也。即有取，是商贾之事，连不忍为也。”遂去，终身不复见，逃隐于海上。曰：“吾与其富贵而诎[474]于人，宁贫贱而轻世肆志[475]焉！”使范蠡之去如鲁连，则去圣人不远矣。呜呼，春秋以来，用舍进退未有如蠡之全者，而不足于此，吾以是累叹而深悲焉。子胥、种、蠡皆人杰，而扬雄曲士也，欲以区区之学疵瑕此三人者：以三谏不去、鞭尸籍馆为子胥之罪，以不强谏勾践而栖之会稽为种、蠡之过。雄闻古有三谏当去之说，即欲以律天下士，岂不陋[476]哉！三谏而去，为人臣交浅者言也，如宫之奇、泄冶乃可耳。至如子胥，吴之宗臣，与国存亡者也，去将安往哉？百谏不听，继之以死可也。孔子去鲁，未尝一谏，又安用三？父不受诛，子复仇，礼也。生则斩首，死则鞭尸，发其至痛，无所择也。是以昔之君子皆哀而恕之，雄独非人子乎？至于籍馆，阖闾[477]与群臣之罪，非子胥意也。勾践困于会稽，乃能用二子，若先战而强谏以死之，则雄又当以子胥之罪罪之矣。此皆儿童之见，无足论者，不忍三子之见诬，故为之言。

476 陋，浅薄。

477 阖闾，吴王名。

论鲁三桓[478]

鲁定公十三年，孔子言于公曰："臣无藏甲，大夫无百雉[479]之城。"使仲由为季氏宰，将堕三都。于是叔孙氏先堕郈[480]。季氏将堕费，公山不狃、叔孙辄率费人袭公。公与三子入于季氏之宫，孔子命申句须、乐颀下伐之，费人北，

478 三桓，春秋时鲁国之季孙氏、孟孙氏与叔孙氏；三者皆出自鲁桓公，故名。

479 雉，zhì，古代计算城墙面积的单位，长三丈、高一丈为一雉。代指城墙。

480 郈，hòu，在今中国山东省东平。

二子奔齐，遂堕费。将堕成，公敛处父以成叛，公围成，弗克。或曰："殆哉，孔子之为政也，亦危而难成矣！"孔融曰："古者王畿千里，寰内不封建诸侯。"曹操疑其论建渐广，遂杀融。融特言之耳，安能为哉？操以为天子有千里之畿[481]，将不利己，故杀之不旋踵[482]。季氏亲逐昭公，公死于外，从公者皆不敢入，虽子家羁[483]亦亡。季氏之忌刻忮害如此，虽地势不及曹氏，然君臣相猜[484]，盖不减操也，孔子安能以是时堕其名都而出其藏甲也哉！考于《春秋》，方是时三桓虽若不悦，然莫能违孔子也。以为孔子用事于鲁，得政与民，三桓畏之欤？则季桓子之受女乐[485]也，孔子能却之矣。彼妇之口可以出走，是孔子畏季氏，季氏不畏孔子也。孔子盖始修其政刑，以俟三桓之隙也哉？

苏子曰：此孔子之所以圣也。盖田氏、六卿不服，则齐、晋无不亡之道；三桓不臣，则鲁无可治之理。孔子之用于世，其政无急于此者矣。彼晏婴者亦知之，曰："田氏之僭，惟礼可以已之。在礼，家施不及国，大夫不收公利。"齐景公曰："善哉，吾今而后知礼之可以为国也！"婴能知之而不能为之，婴非不贤也，

481 畿，jī，古天子领辖的方圆千里之面；后指京城管辖地区。

482 不旋踵，来不及转脚，喻时间极短。

483 子家羁，鲁国大臣。

484 猜忌，不信任。

485 歌舞伎。

其浩然之气，以直养而无害，塞乎天地之间者，不及孔、孟也。孔子以羁旅之臣得政朞[486]月，而能举治世之礼，以律亡国之臣，堕名都，出藏甲，而三桓不疑其害己，此必有不言而信，不怒而威者矣。孔子之圣见于行事，至此为无疑也。婴之用于齐也，久于孔子，景公之信其臣也，愈于定公，而田氏之祸不少衰，吾是以知孔子之难也。孔子以哀公十六年卒，十四年，陈恒弑其君，孔子沐浴而朝，告于哀公曰："请讨[487]之！"吾是以知孔子之欲治列国之君臣，使如《春秋》之法者，至于老且死而不忘也。或曰："孔子知哀公与三子之必不从，而以礼告也欤？"曰：否，孔子实欲伐齐。孔子既告哀公，公曰："鲁为齐弱久矣，子之伐之，将若之何？"对曰："陈恒弑其君，民之不予者半。以鲁之众，加齐之半，可克也。"此岂礼告而已哉？哀公患三桓之逼，尝欲以越伐鲁而去之。夫以蛮夷伐国，民不予也，皋如、出公之事，断可见矣，岂若从孔子而伐齐乎？若从孔子而伐齐，则凡所以胜齐之道，孔子任之有余矣。既克田氏，则鲁之公室自张，三桓不治而自服也，此孔子之志也。

486 **朞，jī，同"期"。期月，一个整月。**

487 **讨伐。**

司马迁二大罪

商鞅用于秦，变法定令，行之十年，秦民大悦，道不拾遗，山无盗贼，家给人足，民勇于公战，怯于私斗。秦人富强，天子致胙[488]于孝公，诸侯毕贺。

苏子曰：此皆战国之游士[489]邪说诡论，而司马迁闇[490]于大道，取以为史。吾尝以为迁有大罪二，其先黄、老，后《六经》，退处士，进奸雄，盖其小小者耳。所谓大罪二，则论商鞅、桑弘羊[491]之功也。自汉以来，学者耻言商鞅、桑弘羊，而世主独甘心焉，皆阳讳其名而阴用其实，甚者则名实皆宗之，庶几其成功，此则司马迁之罪也。秦固天下之强国，而孝公亦有志之君也，修其政刑十年，不为声色畋游之所败，虽微商鞅，有不富强乎？秦之所以富强者，孝公务本力穑之效，非鞅流血刻骨之功也。而秦之所以见疾于民，如豺虎毒药，一夫作难而子孙无遗种，则鞅实使之。至于桑弘羊，斗筲[492]之才，穿窬之智，无足言者，而迁称之，曰："不加赋而上用足。"善乎，司马光之言也！曰："天下安有此理？天地所生财货百物，上

488 胙，zuò，古代祭祀时供奉之肉。

489 游士，战国时的说客，游说谋划之人士。

490 闇，同"暗"；不明白。

491 桑弘羊，西汉时著名理财专家，汉武帝重臣。

492 筲，shāo，盛饭的竹筐；水桶。

有此数，不在民则在官，譬如雨泽，夏涝则秋旱。不加赋而上用足，不过设法侵夺民利，其害甚于加赋也。”二子之名在天下者，如蛆蝇粪秽也，言之则[493]口舌，书之则汙简牍。二子之术用于世者，灭国残民、覆族亡躯者相踵[494]也，而世主独甘心焉，何哉？乐其言之便己也。夫尧、舜、禹，世主之父师也；谏臣拂士[495]，世主之药石[496]也；恭敬慈俭、勤劳忧畏，世主之绳约也。今使世主日临父师而亲药石、履绳约，非其所乐也。故为商鞅、桑弘羊之术者，必先鄙尧笑舜而陋禹也，曰：“所谓贤主，专以天下适己而已。”此世主之所以人人甘心而不悟也。世有食钟乳乌喙而纵酒色，所以求长年者，盖始于何晏。晏少而富贵，故服寒食散以济其欲，无足怪者。彼其所为，足以杀身灭族者日相继也，得死于寒食散，岂不幸哉！而吾独何为效之？世之服寒食散[497]疽背呕血者相踵也，用商鞅、桑弘羊之术破国亡宗者皆是也。然而终不悟者，乐其言之美便，而忘其祸之惨烈也。

493 汙，wū，同“污”。

494 足踵相接，相继。

495 拂士，bìshì，足以辅佐君主的贤士。

496 药石，药和砭石，泛指药物。

497 即“五石散”；散，药末。因其服后宜吃冷食，故名。魏晋南北朝名士喜服食。

论范增

汉用陈平计，间疏[498]楚君臣。项羽疑范增与汉有私，稍夺其权。增大怒曰："天下事大定矣，君王自为之，愿赐骸骨归卒伍！"归未至彭城，疽[499]发背死。

苏子曰：增之去，善矣，不去，羽必杀增，独恨其不蚤[500]耳。然则当以何事去？增劝羽杀沛公，羽不听，终以此失天下，当于是去耶？曰：否。增之欲杀沛公，人臣之分也，羽之不杀，犹有君人之度也，增曷为以此去哉？《易》曰："知几其神乎。"《诗》曰："相彼雨雪，先集维霰。"[501]增之去，当以羽杀卿子冠军时也。陈涉之得民也，以项燕、扶苏；项氏之兴也，以立楚怀王孙心。而诸侯叛之也，以弑义帝也。且义帝之立，增为谋主矣，义帝之存亡，岂独为楚之盛衰，亦增之所以同祸福也，未有义帝亡而增独能久存者也。羽之杀卿子冠军[502]也，是弑义帝之兆也。其弑义帝，则疑增之本心也，岂必待陈平哉！物必先腐也而后虫生之，人必先疑也而后谗入之，陈平虽智，安能间无疑之主哉？吾尝论义帝，天下之贤主也。独遣

498 离间，使疏远。

499 毒疮。

500 蚤，同"早"。

501 出《诗经·小雅·甫田之什》。

502 秦末楚怀王大臣宋义的称号。卿子，公子；冠军，上将。

沛公入关而不遣项羽，识卿子冠军于稠人之中，而擢[503]以为上将，不贤而能如是乎？羽既矫[504]杀卿子冠军，义帝必不能堪，非羽杀帝，则帝杀羽，不待智者而后知也。增始劝项梁立义帝，诸侯以此服从，中道而弑之，非增之意也。夫岂独非其意，将必力争而不听也。不用其言，杀其所立，项羽之疑增必自是始矣。方羽杀卿子冠军，增与羽比肩而事义帝，君臣之分未定也。为增计者，力能诛羽则诛之，不能则去之，岂不毅然大丈夫也哉？增年已七十，合则留，不合则去，不以此时明去就之分，而欲依羽以成功，陋矣。虽然，增，高帝之所畏也，增不去，项羽不亡。呜呼，增亦人杰也哉！

503 擢，zhuó，选拔。

504 矫，假托。此指项羽假托楚王之命。

游士失职之祸

春秋之末，至于战国，诸侯卿相皆争养士。自谋夫说客、谈天雕龙、坚白同异[505]之流，下至击剑扛鼎、鸡鸣狗盗之徒，莫不宾礼，靡[506]衣玉食以馆于上者，何可胜数。越王勾践有君子六千人；魏无忌，齐田文，赵胜、黄歇[507]、

505 离坚白、别同异的思想学说，指春秋时百家争鸣中的名家之流。

506 靡，mí，奢华美盛。

507 战国四公子：魏国信陵君无忌、齐国孟尝君田文、赵国平原君赵胜、楚国春申君黄歇。

508 任侠，凭借各种力量帮助他人、见义勇为。此处为贬义，指挟力作乱。

509 蠹，dù，侵蚀，损害。

510 猛，健犬。

511 椎鲁，chuílǔ，愚钝无能。

吕不韦，皆有客三千人；而田文招致任侠[508]奸人六万家于薛，齐稷下谈者亦千人；魏文侯、燕昭王、太子丹，皆致客无数。下至秦、汉之间，张耳、陈余号多士，宾客厮养皆天下豪杰，而田横亦有士五百人。其略见于传记者如此，度其余，当倍官吏而半农夫也。此皆奸民蠹[509]国者，民何以支而国何以堪乎？

苏子曰：此先王之所不能免也。国之有奸也，犹鸟兽之有鸷猛[510]，昆虫之有毒螫也。区处条理，使各安其处，则有之矣；锄而尽去之，则无是道也。吾考之世变，知六国之所以久存而秦之所以速亡者，盖出于此，不可以不察也。夫智、勇、辨、力，此四者，皆天民之秀杰者也。类不能恶衣食以养人，皆役人以自养者也，故先王分天下之贵富与此四者共之。此四者不失职，则民靖矣。四者虽异，先王因俗设法，使出于一：三代以上出于学，战国至秦出于客，汉以后出于郡县吏，魏、晋以来出于九品中正，隋、唐至今出于科举，虽不尽然，取其多者论之。六国之君虐用其民，不减始皇、二世，然当是时，百姓无一人叛者，以凡民之秀杰者多以客养之，不失职也。其力耕以奉上，皆椎鲁[511]无能为者，虽欲怨叛，而莫为之先，此其所以少安而不即亡也。始皇初欲逐客，因李斯之言而止。既并天下，则以客为无用，于是任法而不任人，谓民可以恃法而治，谓吏不必才取，能守吾法而已。故堕[512]名城，杀豪杰，民之秀异者散而归田亩。向之食于四公子、吕不韦之徒者，皆安归哉？不知其能槁项黄馘[513]以老死于布褐[514]乎？抑将辍耕太息以俟时也？秦之乱虽成于二世，然使始皇知畏此四人者，有以处之，使不失职，秦之亡不至若是速也。纵百万虎狼于山林而饥渴之，不知其将噬人，世以始皇为智，吾不信也。楚、汉之祸，生民尽矣，豪杰宜无几，而代相陈豨[515]从车千乘，萧、曹为政，莫之禁也。至文、景、武之世，法令至密，然吴王濞、淮南、梁王、魏其、武安之流，皆争致宾客，世主不问也。岂惩秦之祸，以为爵禄不能尽縻[516]天下士，故少宽之，使得或出于此也耶？若夫先王之政则不然，曰：“君子学道则爱人，小人学道则易使也。”呜呼，此岂秦、汉之所及也哉！

512 堕，huī，古同“隳”，毁坏。

513 七窍枯槁，面黄肌瘦。

514 褐，hè，粗布，粗布衣。

515 豨，xī，猪。

516 縻，mí，拴，束缚。

赵高李斯

517 案，查办，审查。

518 睥睨，pìnì，斜眼看；表示高傲或不满。

519 阉尹，管领太监之官职。

秦始皇帝时，赵高有罪，蒙毅案[517]之，当死，始皇赦而用之。长子扶苏好直谏，上怒，使北监蒙恬兵于上郡。始皇东游会稽，并海走琅琊，少子胡亥、李斯、蒙毅、赵高从。道病，使蒙毅还祷山川，未反而上崩。李斯、赵高矫诏立胡亥，杀扶苏、蒙恬、蒙毅，卒以亡秦。

苏子曰：始皇制天下轻重之势，使内外相形以禁奸备乱者，可谓密矣。蒙恬将三十万人，威振北方，扶苏监其军，而蒙毅侍帷帐为谋臣，虽有大奸贼，敢睥睨[518]其间哉？不幸道病，祷祠山川尚有人也，而遣蒙毅，故高、斯得成其谋。始皇之遣毅，毅见始皇病，太子未立而去左右，皆不可以言智。然天之亡人国，其祸败必出于智所不及。圣人为天下，不恃智以防乱，恃吾无致乱之道耳。始皇致乱之道，在用赵高。夫阉尹[519]之祸，如毒药猛兽，未有不裂肝碎胆者也。自书契以来，惟东汉吕强、后唐张承业二人号称善良，岂可望一二于千万，以致必亡之祸哉？然世主皆甘心而不悔，如汉桓、灵，唐肃、代，犹不足深怪，始皇、汉宣皆英主，亦湛于赵高、恭、显之祸。彼自以为聪明人杰也，奴仆熏腐之余何能为？及其亡国乱朝，乃与庸主不异。吾故表而出之，以戒后世人主如始皇、汉宣者。或曰："李斯佐始皇定天下，不可谓不智；扶苏亲始皇子，秦人戴[520]之久矣。陈胜假其名犹足以乱天下，而蒙恬持重兵在外，使二人不即受诛而复请之，则斯、高无遗类矣。以斯之智而不虑此，何哉？"

苏子曰：呜呼，秦之失道，有自来矣，岂独始皇之罪？自商鞅变法，以诛死为轻典，以参夷[521]为常法，人臣狼顾胁息[522]，以得死为幸，何暇复请！方其法之行也，求无不获，禁无不止，鞅自以为轶尧、舜而驾汤、武矣。及其出亡而无所舍，然后知为法之弊。夫岂独鞅悔之，秦亦悔之矣。

荆轲之变，持兵者熟视始皇环柱而走，莫之救者，以秦法重故也。李斯之立胡亥，不复忌二人者，知威令之素行，而臣子不敢复请也。二人之不敢请，亦知始皇之鸷悍[523]而不可回也，岂料其伪也哉？周公曰："平易近民，民必归之。"孔子曰："有一言而可以终身行之，其'恕'矣乎？"夫以忠恕为心而以平易为政，则上易

520 爱戴。

521 参夷，夷平三族；参，同"叁"。

522 狼顾胁息，顾虑恐惧；狼顾，像狼担心回头看；胁息，小心敛息，大气不敢出。

523 凶狠，强悍。

524 三宥，古制，王公家人犯法，可宽恕三次。宥，宽恕。

知而下易达，虽有卖国之奸，无所投其隙，仓卒之变，无自发焉。然其令行禁止，盖有不及商鞅者矣，而圣人终不以彼易此。商鞅立信于徙木，立威于弃灰，刑其亲戚师傅，积威信之极。以及始皇，秦人视其君如雷电鬼神，不可测也。古者公族有罪，三宥[524]然后制刑。今至使人矫杀其太子而不忌，太子亦不敢请，则威信之过故也。夫以法毒天下者，未有不反中其身及其子孙者也。汉武与始皇，皆果于杀者也，故其子如扶苏之仁，则宁死而不请，如戾太子之悍，则宁反而不诉，知诉之必不察也。戾太子岂欲反者哉？计出于无聊也。故为二君之子者，有死与反而已。李斯之智，盖足以知扶苏之必不反也。吾又表而出之，以戒后世人主之果于杀者。

摄[525]主

鲁隐公元年，不书即位，摄也。欧阳子曰：“隐公非摄也。使隐而果摄也，则《春秋》不书为公，《春秋》书为公，则隐非摄，无疑也。”

苏子曰：非也。《春秋》，信史也，隐摄而桓弑，着于史也详矣。周公摄而克复子者也，以周公薨[526]，故不称王。隐公摄而不克复子者也，以鲁公薨，故称公。史有谥，国有庙，《春秋》独得不称公乎？然则隐公之摄也，礼欤？曰：礼也。何自闻之？曰：闻之孔子。曾子问曰：“君薨而世子生，如之何？”孔子曰：“卿、大夫、士从摄主北面于西阶南。”何谓摄主？曰：古者天子、诸侯、卿、大夫之世子未生而死，则其弟若兄弟之子次当立者为摄主。子生而女也，则摄主立；男也，则摄主退。此之谓摄主，古之人有为之者，季康子是也。季桓子且死，命其臣正常曰：“南孺子之子男也，则以告而立之；女也，则肥[527]也可。”桓子卒，康子即位。既葬，康子在朝。南氏生男，正常载以如朝，告曰：“夫子有遗言，命其圉臣[528]曰：‘南氏生男，则以告于君与大夫而立之。’今生矣，男也，敢告。”

525 摄，辅佐，代理。

526 薨，hōng，诸侯死。

527 肥，季孙肥，即季康子，春秋时期鲁国的正卿，为大夫，主国政。

528 下臣。圉，yǔ，养马之所，监牢。

康子请退。康子之谓摄主，古之道也，孔子行之。

自秦、汉以来不修是礼也，而以母后摄。孔子曰："惟女子与小人为难养也。"使与闻外事且不可，曰"牝鸡之晨，惟家之索"[529]，而况可使摄位而临天下乎？女子为政而国安，惟齐之君王后、吾宋之曹、高、向[530]也，盖亦千一矣。自东汉马、邓[531]不能无讥，而汉吕后、魏胡武灵[532]、唐武氏[533]之流，盖不胜其乱，王莽、杨坚遂因以易姓。由此观之，岂若摄主之庶几乎？使母后而可信也，摄主亦可信也，若均之不可信，则摄主取之，犹吾先君之子孙也，不犹愈于异姓之取哉？或曰："君薨，百官总己以听于冢宰[534]三年，安用摄主？"曰：非此之谓也。嗣天子长矣，宅忧而未出令，则以礼设冢宰。若太子未生，生而弱，未能君也，则三代之礼，孔子之学，决不以天下付异姓，其付之摄主也。夫岂非礼而周公行之欤？故隐公亦摄主也。郑玄，儒之陋[535]者也，其传"摄主"也，曰："上卿代君听政者也。"使子生而女，则上卿岂继世者乎？苏子曰：摄主，先王之令典，孔子之法言也。而世不知，习见母后之摄也，而以为当然。故吾不可不论，以待后世之君子。

529 出自《尚书·牧誓》；母鸡在清晨打鸣，这个家庭就要破败。喻女性掌权，阴阳混乱，导致家破国亡。

530 宋朝三位皇后；曹后为仁宗皇后，高后为英宗皇后，向后为神宗皇后。

531 马皇后，汉明帝皇后，马援之女；邓皇后，汉和帝皇后。

532 北朝魏武灵王后。

533 武则天。

534 冢宰，周官名；为六卿之首；亦称太宰。

535 陋，浅俗无识。

隐公不幸

公子翚[536]请杀桓公，以求太宰。隐公曰："为其少故也，吾将授之矣。使营菟裘[537]，吾将老焉。"翚惧，反谮公于桓公而弑之。

苏子曰：盗以兵拟[538]人，人必杀之，夫岂独其所拟，涂[539]之人皆捕击之。涂之人与盗非仇也，以为不击则盗且并杀己也。隐公之智，曾不若是涂人也，哀哉！隐公，惠公继室之子也，其为非嫡，与桓均耳，而长于桓。隐公追先君之志而授国焉，可不谓仁人乎？惜乎其不敏于智也。使隐公诛翚而让桓，虽夷、齐何以尚兹？骊姬欲杀申生而难里克[540]，则施优来之；二世欲杀扶苏而难李斯，则赵高来之。此二人所行相同，而其受祸亦不少异：里克不免于惠公之诛，李斯不免于二世之戮，皆无足哀者。吾独表而出之，为世戒。君子之为仁义也，非有计于利害，然君子之所为，义利常兼，而小人反是。李斯听赵高之谋，非其本意，独畏蒙氏之夺其位，故俛[541]而听高。使斯闻高之言，即召百官、陈六师[542]而斩之，其德于扶苏，岂有既乎？何蒙氏之足忧！释此不为，而具五刑[543]

536 翚，huī，疾飞。公子翚，字羽父，春秋时鲁国宗室重臣，弑杀鲁隐公。

537 鲁地名。

538 拟，比划。此言拿着兵器对着人比划。

539 同今之"途"。

540 里克，春秋晋国卿大夫，晋献公重臣。

541 俛，fǔ，屈身，低头。

542 古称周天子所统六军之师。后指全部大军。

543 五刑，古代的五种刑罚，通常指墨、劓、宫、大辟；后也指笞、杖、徒、流、死。

于市，非下愚而何！呜呼，乱臣贼子犹蝮蛇也，其所螫草木犹足以杀人，况其所噬啮者欤？郑小同[544]为高贵乡公侍中，尝诣司马师，师有密疏[545]未屏也，如厕还，问小同："见吾疏乎？"曰："不见。"师曰："宁我负卿，无卿负我。"遂鸩[546]之。王允之从王敦夜饮，辞醉先寝。敦与钱凤谋逆，允之已醒，悉闻其言，虑敦疑己，遂大吐，衣面皆污。敦果照视之，见允之卧吐中，乃已。哀哉小同，殆哉岌岌乎允之也！孔子曰："危邦不入，乱邦不居。"有由也夫！吾读史得隐公、里克、李斯、郑小同、王允之五人，感其所遇祸福如此，故特书其事，后之君子可以览观焉。

544 郑小同，字子真，三国魏时期人物；郑玄之孙。

545 疏，书信。

546 鸩，毒死。

七德八戒

郑太子华[547]言于齐桓公，请去三族而以郑为内臣，公将许之，管仲不可。公曰："诸侯有讨于郑，未捷，苟有衅[548]，从之不亦可乎？"管仲曰："君若[549]之以德，加之以训辞，而率诸侯以讨郑，郑将覆亡之不暇，岂敢不惧？若

547 春秋时郑国的太子，名华。

548 衅，xìn，缝隙，嫌隙。

549 绥，suí，安抚。

总其罪人以临之，郑有辞矣。”公辞子华，郑伯乃受盟。

苏子曰：大哉，管仲之相桓公也！辞子华之请而不违曹沫[550]之盟，皆盛德之事也，齐可以王矣。恨其不学道，不自诚意正身以刑其国，使家有三归[551]之病，而国有六嬖[552]祸，故桓公不王，而孔子小之。然其予之也亦至矣，曰：“桓公九合诸侯，不以兵车，管仲之力也。如其仁，如其仁！”曰：“仲尼之徒无道桓、文[553]之事者”，孟子盖过矣。吾读《春秋》以下史而得七人焉，皆盛德之事，可以为万世法，又得八人焉，皆反是，可以为万世戒，故具论之。太公之治齐也，举贤而上功。周公曰：“后世必有篡弑之臣。”天下诵之，齐其知之矣。田敬仲[554]之始生也，周史筮[555]之，其奔[556]齐矣，齐懿氏卜之，皆知其当有齐国也。篡弑之疑，盖萃于敬仲矣，然桓公、管仲不以是废之，乃欲以为卿，非盛德能如此乎？故吾以为楚成王知晋之必霸而不杀重耳，汉高祖知东南之必乱而不杀吴王濞[557]，晋武帝闻齐王攸之言而不杀刘元海，苻坚信王猛而不杀慕容垂，唐明皇用张九龄而不杀安禄山，皆盛德之事也。而世之

550 曹沫，春秋时人，为鲁庄公武士；劫桓公，逼其归还鲁地。见《史记·刺客列传》。或谓即曹刿。

551 三归，管仲为自己修筑之台。《史记·货殖列传序》：“而管氏亦有三归，位在陪臣，富于外国之君。”

552 嬖，bì，宠爱。

553 桓，齐桓公；文，晋文公。二人皆为春秋五霸之一。

554 田敬仲，本名陈完，陈国公子，因陈国内乱而逃亡齐国改名田完；其八世孙田和夺取齐国政权，史称田氏代齐。事见《史记》。田，陈，或谓古时同音。

555 筮，shì，用蓍草占卦。

556 奔，逃亡。

557 濞，pì，水流汹涌而至之声。

论者，则以为此七人者皆失于不杀以启乱，吾以谓不然。七人者皆自有以致败亡，非不杀之过也。齐景公不繁刑重赋，虽有田氏，齐不可取；楚成王不用子玉，虽有晋文公，兵不败；汉景帝不害吴太子，不用晁错，虽有吴王濞，无自发；晋武帝不立孝惠，虽有刘元海，不能乱；苻坚不贪江左，虽有慕容垂，不能叛；明皇不用李林甫、杨国忠，虽有安禄山，亦何能为？秦之由余[558]，汉之金日磾[559]，唐之李光弼、浑瑊[560]流，皆蕃种[561]也，何负于中国哉？而独杀元海、禄山！且夫自今而言之，则元海、禄山死有余罪，自当时而言之，则不免为杀无罪。岂有天子杀无罪而不得罪于天者？上失其道，涂之人皆敌也，天下豪杰其可胜既乎？汉景帝以鞅鞅[562]而杀周亚夫，曹操以名重而杀孔融，晋文帝以卧龙而杀嵇康[563]，晋景帝亦以名重而杀夏侯玄，宋明帝以族大而杀王彧[564]，齐后主以谣言而杀斛律光[565]，唐太宗以谶[566]而杀李君羡，武后以谣言而杀裴炎，世皆以为非也。此八人者，当时之虑岂非忧国备乱，与忧元海、禄山者同乎？久矣，世之以成败为是非也！故夫嗜杀人者，必以邓侯不杀楚子为口实。以邓

558 由余，春秋时晋人；后至秦，为秦国谋伐献策。

559 磾，dī，古代染缯用的黑石。金日磾，字翁叔，匈奴休屠王之子；西汉大臣，汉昭帝四大辅臣之一。

560 瑊，jiān，似玉美石。

561 蕃种，异族血统。蕃，通“番”，泛指外族。

562 鞅，通“怏”；鞅鞅，因不平或不满不乐。

563 卧龙，指嵇康。钟会说嵇康是卧龙，导致嵇康被晋文帝杀害。事见《晋书》。

564 彧，yù，文采，茂盛。

565 斛律光，字明月，敕勒族，北魏北齐时名将。

566 谶，chèn，将要应验的预言、预兆。

之微，无故杀大国之君，使楚人举国而仇之，其亡不愈速乎？吾以谓为天下如养生，忧国备乱如服药：养生者不过慎起居饮食，节声色而已，节慎在未病之前，而服药于已病之后。今吾忧寒疾而先服乌喙，忧热疾而先服甘遂[567]，则病未作而药杀人矣。彼八人者，皆未病而服药者也。

567 甘遂，中药，可治热病。

北宋　王诜　东坡赤壁图　美国弗利尔美术馆

图书在版编目（CIP）数据

东坡志林 / (宋) 苏轼著 ; 孙善春校注. -- 杭州 : 中国美术学院出版社，2024.3
ISBN 978-7-5503-3183-9

Ⅰ. ①东… Ⅱ. ①苏… ②孙… Ⅲ. ①中国历史－笔记－北宋②中国历史－史料－北宋 Ⅳ. ①K244.066

中国国家版本馆CIP数据核字(2023)第253804号

书名集字：苏　轼
责任编辑：章腊梅
执行编辑：金晓昕
书籍设计：赵　娜
责任校对：纪玉强
责任印制：张荣胜

东坡志林
［宋］苏 轼　著　　孙善春　校注

出 品 人：祝平凡
出版发行：中国美术学院出版社
地　　址：中国・杭州南山路218号／邮政编码：310002
网　　址：http：//www.caapress.com
经　　销：全国新华书店
制　　版：杭州九溪文化传播有限公司
印　　刷：浙江海虹彩色印务有限公司
版　　次：2024年3月第1版
印　　次：2024年3月第1次印刷
印　　张：5.75
开　　本：787mm×1092mm　1/32
字　　数：140千
书　　号：ISBN 978-7-5503-3183-9
定　　价：55.00元